朕的圆明园

刘阳 著

清华大学出版社
北京

图书在版编目（CIP）数据

朕的圆明园 / 刘阳著. —北京：清华大学出版社，2020.6
ISBN 978-7-302-55375-5

Ⅰ. ①朕… Ⅱ. ①刘… Ⅲ. ①皇帝－生平事迹－中国－清代－通俗读物②圆明园－通俗读物 Ⅳ. ①K827=49 ②K928.73-49

中国版本图书馆CIP数据核字（2020）第068516号

责任编辑：孙元元
装帧设计：谢晓翠
责任校对：王凤芝
责任印制：杨　艳

出版发行：清华大学出版社
网　址：http://www.tup.com.cn,　http://www.wqbook.com
地　址：北京清华大学学研大厦A座　邮　编：100084
社总机：010-62770175　邮　购：010-62786544
投稿与读者服务：010-62776969, c-service@tup.tsinghua.edu.cn
质量反馈：010-62772015, zhiliang@tup.tsinghua.edu.cn
印装者：小森印刷（北京）有限公司
经　销：全国新华书店
开　本：154mm×230mm　印　张：17.25　字　数：256千字
版　次：2020年6月第1版　印　次：2020年6月第1次印刷
定　价：99.00 元

产品编号：083760-01

| 前言 |

圆明园的兴建可以追溯到康熙四十六年（1707），后经雍正、乾隆、嘉庆、道光、咸丰五代皇帝经营了150多年，终毁于咸丰十年（1860）英法联军大火。圆明园的兴建经历了清王朝政治经济最鼎盛时期，又见证了清王朝的迅速下滑，可以说一座圆明园就是一部清王朝的兴衰史。我之前写的《昔日的夏宫圆明园》是介绍景点的书籍，《谁收藏了圆明园》是介绍圆明园流散文物的书籍，而《朕的圆明园》则是讲述雍正、乾隆、嘉庆、道光、咸丰五代皇帝及其嫔妃和太后在圆明园的故事，以及发生在圆明园的重大历史事件。

清朝皇帝对皇家园林的宠爱和依赖超过任何一朝帝王，雍正、乾隆、嘉庆、道光、咸丰五代皇帝中，嘉庆和咸丰就是在圆明园出生的，而雍正和道光则是在圆明园去世的。虽然乾隆皇帝去世时间是正月初三，但由于清帝正月初一要在太和殿举行重要的仪式，所以清帝正月都居住在故宫，否则乾隆皇帝也肯定会在他最爱的圆明园内去世。

圆明园被英法联军焚毁（1860）至今，已经160年了。虽然后来成立了圆明园遗址公园，但许多游客对圆明园也只是走马观花式的旅游，对圆明园的了解和认知远不及故宫、颐和园和承德避暑山庄，所以很多发生在圆明园内的重大事件并不为人所熟悉，或者说很多人并不知道，很多改变清朝乃至中国历史的重大事件正是发生在圆明园。如乾隆接见英国使臣马戛尔尼、乾隆皇帝禅位等重大事情都是发生在圆明园。另外，圆明园也见证了民族团结。乾隆四十五年（1780），六世班禅额尔德尼·罗桑华丹益希不远千里来到承德和京城给乾隆皇帝祝寿，在京期间就曾经被赐驻在圆明园的月地云居，并欣赏了圆明园的西洋楼喷泉。嘉庆四年（1799）正月初三乾隆皇帝驾崩，嘉庆皇帝随后查处权臣和珅，为其列举了二十大罪状，其中就有两条与圆明园有关。我编写《朕的圆明园》也是为了按照五朝皇帝的顺序把这些发生在圆明园内的重大历史事件系统地展现给大家。

在编写《朕的圆明园》的过程中，我得到了圆明园管理处李博主任、李向阳副主任、办公室张燕青主任、刘慧副主任、肖琪女士、张黄女士、李航先生、赵红梅女士、温少昊先生、曹一春小姐，中国人民大学清史研究所王道成教授，故宫出版社王志伟先生，故宫博物院刘政宏先生，中国圆明园学会要砾敏女士、段宇红女士、陆伟先生、赵大涵先生、罗东生先生等多年来的支持和帮助。另外还有许多不愿意公布姓名的朋友也给予我很大的帮助，在此一并表示感谢！我还要特别感谢我的太太侯洁和我的女儿刘益嘉，是她们多年来对我事业的鼓励和帮助才有了本书最后的完成。

本书的部分圆明园流散文物是台湾收藏家周海圣先生的藏品，感谢周先生对我多年来的支持和帮助。部分圆明园全景图和部分分景复原图乃张宝成先生所绘，感谢张宝成先生对本书的支持与帮助。

最后还要感谢清华大学出版社的孙元元女士，是她的帮助和努力，才使本书得以顺利出版。

本书的大量资料是我多年来从海内外各大机构和博物馆收集来的，其中有不少资料是首次公布。但圆明园涉及的领域实在太多了，很多资料也许不一定准确，或许还有更好更权威的资料我并没有查到，借此也希望读者朋友们多多指正。

作者简介

刘阳， 1981年出生于北京。中国圆明园学会学术专业委员会委员，北京史地民俗学会副会长，现就职于圆明园管理处。多年来一直从事北京史地和清代皇家园林研究。著有《昔日的夏宫圆明园》《三山五园旧影》《五朝皇帝与圆明园》《圆明园的故事》《谁收藏了圆明园》《西洋镜下的三山五园》《老北京的门墩》等书籍。

内容简介

这是一本结合典籍与历史图片，介绍雍正至咸丰五位皇帝与圆明园关系的历史书籍。他们中的雍正和道光就去世在圆明园内，而嘉庆和咸丰则出生在圆明园。发生在圆明园的影响中国近代史的重大事件，从一个特殊的角度讲述了清朝的兴衰；帝王生活中的故事，丰富多彩又波诡云谲，耐人寻味。圆明园正是这样的历史见证者。

目录

壹　雍正与圆明园

贰　乾隆与圆明园

叁 嘉庆与圆明园

肆　道光与圆明园

伍　咸丰与圆明园

参考文献

壹　雍正与圆明园

圆明园的建成

康熙四十六年（1707）前后，康熙皇帝在畅春园附近赐给时年三十岁的皇四子胤禛一块地，让他建造自己的花园。因为花园在康熙皇帝经常居住的畅春园附近，所以皇四子胤禛非常重视，他在园林的设计建造上花费了大量心血。据《康熙实录》记载：康熙四十六年十一月“己未，皇四子多罗贝勒胤禛恭请上幸花园进宴”。十一月己未即十一月十一日（1707年12月4日），当时康熙皇帝刚从热河狩猎后回驻畅春园半个多月。可见在康熙四十六年，圆明园已经初具规模。

康熙四十八年（1709），花园的主体工程基本完工，康熙皇帝御题“圆明园”三字匾额，悬挂在圆明园殿的门楣上方，从此，这座日后举世闻名的皇家园林终于有了自己的名字——圆明园。

关于圆明园的含义，雍正皇帝在后来解释说：“圆明”二字取自儒家经典《中庸》之中“圆而入神，君子之时中也；明而普照，达人之睿智也”一句，寄托着康熙皇帝的政治期望，认为做皇帝要明智洞察，谨守儒家的中庸之道。“圆”指个人品德圆满无缺，超越常人，“明”指政治业绩明光普照，完美明智，这是康熙皇帝对后世帝王的鼓励。另外，“圆明”还是胤禛自皇子时期起一直使用的佛号，他崇信佛教，号“圆明居士”，并对佛法有很深的研究。由此可见，也许“圆明”二字一直都是胤禛自己的政治理想，至于这是不是他的父亲康熙皇帝对他的期望，那就不得而知了。

根据胤禛作为皇子时的诗集《雍邸集》记载，当时的圆明园共有“园景十二咏”。在《世宗宪皇帝御制文集》七卷中，《园景十二咏》诗同《皇父御极之六十年》一起编在第六卷中，大约成诗于康熙五十八年（1719）。“十二咏”之目分别是：深柳读书堂、竹子院、梧桐院、葡萄院、桃花坞、耕织轩、菜圃、牡丹台、金鱼池、壶中天、涧阁、莲花池。

雍正皇帝年轻时在潜邸朗吟阁的画像

乾隆皇帝登基后，这里被定名为“天然图画”。

三朝皇帝共赏牡丹

康熙六十一年（1722）的春天，圆明园中百花盛开，当时的雍亲王（后来的雍正皇帝）请父皇康熙来圆明园中欣赏牡丹，康熙欣然应允，在此之前，他已四次游幸四皇子的圆明园了。据《康熙实录》记载，康熙皇帝至少曾经五次游幸圆明园，除首次外，康熙五十八年、五十九年（1719、1720）春夏之交各有一次，六十一年则为两次。从第二次（康熙五十八年）起，皆为谷雨至小满之间、牡丹盛开季节莅临。康熙六十一年三月十二日，康熙皇帝曾到圆明园游赏过一次，当时因为缺雨，花开欠盛；后来下了一场雨，康熙皇帝又于三月二十五日专程来圆明园的牡丹台观赏牡丹。就是此次赏花，改变了雍亲王和小皇孙弘历的命运，甚至也决定了大清未来的命运。

康熙六十一年三月二十五日傍晚，康熙皇帝驾临牡丹台，把酒临风，心情愉快。很多历史学家都说，把弘历介绍给康熙，是雍亲王精心策划的一个步骤——不过康熙并没有察觉到这一点。在父子闲聊之际，胤禛闲闲地提起："您的两个孙子打生下来还没机会见到圣颜呢。"康熙随口答道："好啊！上次我听侍卫说你有个儿子书读得很好。把他们俩叫出来我看看。"长到十多岁，孙子才有机会见到祖父，这在清朝并不是什么奇怪的事情。康熙皇帝共有二十多个成年的儿子，孙子就更多，据说有一百二十多个，政务缠身的康熙只见过不到一半。

一见到这两个孩子，康熙帝不觉放下了手中的酒杯。弟弟弘昼没有给康熙留下太深的印象，但哥哥弘历却让康熙过目难忘。弘历身材颀长，容貌清秀，特别是两只秋水般澄澈的眼睛里流动着不同寻常的灵气与沉静。刚才行礼的时候，康熙注意到他一举一动既敏捷得体，又不慌不忙，一点也没有这个年龄段孩子常有的紧张局促。跟在他身后同岁的弟弟弘昼就明显拘束很多。

凭着丰富的阅人经验，老皇帝深信这个孩子与众不同。他慈爱地招招手，让弘历站到自己面前，询问起他的功课。弘历落落大方地背了几段经书，又从头到尾清晰地讲解了一遍。康熙非常喜欢这个孙子的机敏和聪慧，后来他在承德的胤禛花园狮子园，还曾当面连声夸奖弘历的母亲能生这么个儿子是“有福之人”。这样康熙帝就破例传旨将弘历养育宫中，并立即让其随居于畅春园，而且叫自己的两位妃子“悫惠皇贵妃佟佳氏”和“惇怡皇贵妃瓜尔佳氏”在宫中抚养小皇孙弘历。弘历后来顺利登上皇位，在乾隆二年（1737）五月二十日的谕旨中曾经提起：“朕自幼龄仰蒙皇祖慈爱，抚育宫中。又命太妃皇贵妃、太妃贵妃提携看视。两太妃仰体皇祖圣心，恩勤备极周至，朕心感念不忘。”

在弘历之前的近百个孙子中，只有太子的长子弘皙曾经被康熙“养育宫中”。这个皇孙极为康熙所喜爱，以至于在康熙晚年太子两立两废的过程中，一个重要的考虑因素是割舍不了这个弘皙。据《朝鲜李朝实录》记载，朝鲜使臣回国后向国王汇报说：“皇长孙颇贤，难于废立云。”又说：“或云太子之子甚贤，故不忍立他子而尚尔贬处云矣。”也就是说，因为希望这个孙子将来能登上皇位，康熙才在废太子问题上迟迟下不了决心。

从这个角度上来讲，有人认为，喜欢弘历，是康熙传位给雍正的一个理由。我们很难说，胤禛把自己的儿子介绍给父亲，不是老谋深算的一步。对于胤禛来说，这一举动从哪方面来说都没有坏处。首先，这是试探父皇态度的一个机会。如果父皇把自己列入继位的候选人行列，那么必然会关心自己的子息——一个政治家必须多算几步。退一步来讲，即使父皇不打算把自己列入候选人行列，那么使祖孙建立起良好的关系，对自己的政治安全，无疑也大有好处。后来事情的发展甚至超过了雍亲王的期望。

弘历接着又跟随爷爷康熙皇帝去了木兰围场和避暑山庄，扈侍左右。这次行围之后，康熙皇帝特意去了雍亲王在热河的赐园狮子园，指名要看看弘历的生母。不知何故的钮祜禄氏跪在皇帝面前，心中充满疑惑。康熙帝命她抬起头来，细细观看，足足看了半分钟之久，边看边说："果是有福之人，有福之人！"

乾隆的母亲钮祜禄氏十三岁进入雍亲王府时，只是一个普通的丫头，干些端茶倒水之类的杂活。直到康熙四十九年（1710）的某一天，精力十足而又无所事事的雍亲王不经意间发现这个入府六年的丫头已经长大成人——十九岁的她高大健壮，虽然面貌不过中人以上，但是身材异常丰腴饱满，青春光彩难以掩抑。三十二岁的亲王感觉自己身体里突然腾起一股犀利的欲望。土地很肥沃，第二年就结果了。根据《玉牒》记载，乾隆皇帝属兔，生于康熙五十年（1711）八月十三日子时。

乾隆皇帝的生母：孝圣宪皇后

1929年故宫博物院文献馆首批公布的内阁大库档案中，有弘历生辰八字及康熙六十一年时的批语。内容如下：

弘历八字：

辛卯（康熙五十年）

丁酉（八月）

庚午（十三日）

丙子（子时）。

批语：庚金生于仲秋，阳刃之格，金遇旺乡，重重带劫，用火为奇最美，时干透煞，乃为火焰秋金，铸作剑锋之器。格局清奇，生成富贵，福禄天然。地支子、午、卯、酉，身居沐浴，最喜逢冲，又美伤官，驾煞反成大格。

书云：子午酉卯成大格，文武经邦，为人聪秀，作事能为。连运行乙未。甲午，癸巳身旺，泄制为奇，俱以为美。

此命贵富天然，这是不用说。占得性情异常，聪明秀气出众，为人仁孝，学必文武精微。幼岁总见浮灾，并不妨碍。运交十六岁为之得运，该当身健，诸事遂心，志向更佳。命中看得妻星最贤最能，子息极多，寿元高厚。柱中四正成格祯祥，别的不用问。

按命相理论，乾隆八字，天干庚辛丙丁，火炼秋金，是天赋甚厚的强势命造，术语称为“身旺”；地支子午卯酉，局全四正，男命得之，为驷马乘风，主大富贵。相信康熙皇帝也看到过这些，甚至也有可能就是康熙皇帝命人特意为弘历查的八字和卦象。

日后确实如康熙所说，钮祜禄氏成为清朝乃至中国历史上最有福气的皇太后之一，长寿而且境遇顺遂。她的儿子乾隆皇帝登基后，尊其为圣母皇太后，上徽号曰“崇庆皇太后”。每次出巡，都要带母亲一起走，她生前赶上的四次南巡，一次也没落下。钮祜禄氏一生还曾经三游五台，三登泰山，甚至到过嵩山。至于避暑山庄，那更是去了无数次。去世前一年，以八十四岁高龄，仍然跟着儿子乾隆皇帝登上了泰山，步履甚健。乾隆四十二年正月二十三日（1777年3月2日）崩于长春仙馆，享年八十五岁。

崇庆皇太后八旬像（雍正孝圣宪皇后）

小皇孙弘历伴随爷爷康熙皇帝“日承提命，历夏阅秋”达五个月之久。回京后弘历又随往南苑习猎，康熙六十一年十一月十三日（1722年12月20日），康熙皇帝猝然崩逝于畅春园。

康熙六十一年三月二十五日的这次祖孙三代共赏牡丹成为佳话。《清高宗实录》卷一里也提到：乾隆继承皇位是“圣祖深爱神知，默定于前；世宗垂裕谷诒，周注于后”。乾隆九年（1744）弘历在已经是圆明园四十景之一的“镂月开云”诗句中所云“犹忆垂髫日，承恩此最初”正缘于此。弘历为纪其皇祖之恩，后在“镂月开云”增题额曰“纪恩堂”，并御制《纪恩堂记》（详见P117）。

雍正皇帝欣赏牡丹图

雍正登基后全面扩建圆明园

皇四子胤禛继承了皇位，次年改年号雍正。“雍”即指雍亲王（其即位前的封号），“正”即正统、名正，表示其正当即位。雍正皇帝守孝三年后，于雍正三年（1725）八月二十七日首次“由神武门出西直门，幸圆明园驻跸”。雍正在《圆明园记》里写他驻跸圆明园的主要目的是“百务具举，宜宁神受福，少屏烦喧”。从雍正三年（1725）首次驻跸圆明园，到雍正十三年（1735）八月二十三日，雍正皇帝在圆明园猝然去世，累计在圆明园居住47次2314天，每年平均为4次210天，每一年驻跸圆明园的时间都超过了在宫中的时间，只有郊祀斋戒和视朝（临朝听政）等大典才回到紫禁城。

雍正皇帝

雍正皇帝读书像轴

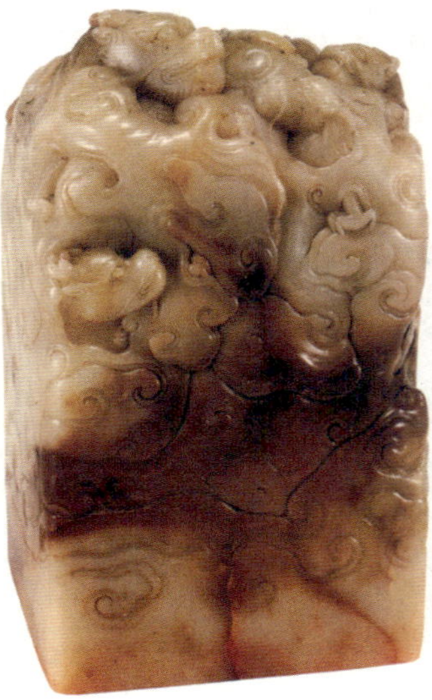

“御赐朗吟阁宝”印与印文

此宝玺为雍正皇帝在潜邸时所用。

雍正喜欢园居，即位后因园居理政之需，酌量修葺圆明园的亭台丘壑，“惟建设轩墀，分列朝署，俾侍直诸臣有视事之所。构殿于园之南，御以听政”。勤政殿即属新建的朝政建筑，建成于雍正三年（1725），位于正大光明殿的东侧，是日常听政之所。

圆明园勤政殿

雍正四年（1726）正月癸丑，上谕大学士等：“朕今日坐勤政殿以待诸臣奏事，乃部院八旗竟无奏事之人，想诸臣以朕驻跸圆明园欲图安逸，故将所奏之事有意简省耶。朕因郊外水土气味较城内稍清，故驻跸于此，而每日办理政事与宫中无异，未尝一刻肯自暇逸。已曾屡降谕旨，切告廷臣，令其照常奏事。若朕偶欲静息，自当晓谕诸臣知之。傥廷臣不知仰体朕心，将陈奏事件有意简省，是不欲朕驻跸圆明园矣。”勤政殿在雍正年间对朝政的重要性不言自明。雍正十年（1732）三月皇帝将朱批臣工奏章，编成《朱批谕旨》，刊布中外。在《朱批谕旨·序言》中自述：“雍正六年以前，昼则延接廷臣，引见官弁，傍晚观览本章，灯下批阅奏折，每至二鼓三鼓不觉稍倦，寔六载如一日。”“每折或手批数十言，或数百言，且有多至千言者。”

“为君难”印与印文

“为君难”三字正是雍正登基之初的内心写照，即位第三年就曾御书“为君难”匾额于其圆明园勤政殿内，又刻制多方“为君难”印玺，钤于书画起首的地方，作为警惕自勉之语。

雍正三年（1725）十一月二十二日，雍正较为宠爱的年贵妃在圆明园病逝。他深为自责，下诏说自己忙于政事，没时间亲自照顾年妃日常生活，致使年妃病情贻误，诏令亲王以下、宗室以上五日不跳神，不还愿，均为年妃穿戴孝服，在京四品以上官员及有封爵者一律到圆明园安奉年妃。雍正四年（1726）正月十三日，雍正驻跸圆明园，为营造节日氛围，诸臣进元宵灯三千对。雍正八年（1730）八月十九日，京城地震，圆明园房屋建筑受损较重。为避震，雍正在圆明园湖面上泛舟设幕以居。欧洲传教士宋君荣神父说：“地震发生时，雍正正在圆明园，他长跪在地，祈祷上天，然后迅疾地奔向环绕其宫殿的小河，登上河里的一条船，从船上派遣大臣去传达旨令。”

圆明园的底子可以说是雍正皇帝打下的，从目前掌握的资料来看，雍正时期至少已有三十三景基本成型。即：正大光明、勤政亲贤、九州清晏、镂月开云、天然图画、碧桐书院、慈云普护、上下天光、杏花春馆、坦坦荡荡、长春仙馆、山高水长、万方安和、武陵春色、日天琳宇、濂溪乐处、多稼如云、水木明瑟、映水兰香、澹泊宁静、西峰秀色、鱼跃鸢飞、北远山村、四宜书屋、平湖秋月、蓬岛瑶台、接秀山房、别有洞天、夹镜鸣琴、澡身浴德、廓然大公、坐石临流、洞天深处。

圆明园万方安和

建筑修建在水中，雍正皇帝很喜欢居住在这里，不但夏天很舒适，而且也很安全。

样式雷与圆明园建设

样式雷是中国古代史上最著名的建筑世家。“一家样式雷，半部古建史”，是对这个清代建筑世家最为崇高的赞誉。据《样式雷家世诸考》中记述，样式雷家族原籍江西，先祖早在明初就已经开始从事木工建筑行当。到了明末，雷家的木工活手艺传承到雷发达，一个传奇建筑世家的辉煌就此拉开序幕。样式雷的第一代雷发达（1619—1693）在康熙年间由江宁来到北京时，就居住在海淀镇。雷家共有七代在长达200多年的时间内做清朝样式房的掌案头目，中间分别为第二代雷金玉，第三代雷声征，第四代雷家玮、雷家玺、雷家瑞三兄弟，第五代雷景修，第六代雷思起，第七代雷廷昌。这个世袭的建筑师家族被世人称为“样式雷”。

康熙二十二年（1683），二十四岁的雷金玉跟随父亲雷发达来到北京，一道参加了皇家工程的营造。雷发达退休后，雷金玉很快脱颖而出。当时，正逢康熙帝着手营造清代第一座皇家园林畅春园，雷金玉接替父亲“领楠木作工程”，在为畅春园正殿九经三事殿上梁的建筑施工中，因技术超群而立了大功，被康熙皇帝亲自召见，受到表彰和奖励，赏七品官衔，食七品俸禄。雍正登基后，雷金玉又参与了圆明园的兴建，凭借炉火纯青的建筑技艺，赢得了雍正皇帝的赏识。在雷金玉七十大寿时，雍正命皇四子弘历（后来的乾隆皇帝）亲笔书写“古稀”二字匾额，赐予样式雷。雷金玉将此匾运回故乡，悬挂于祖居大堂。雍正七年（1729），雷金玉寿终，雍正皇帝除恩赏金银外，还下旨令皇家驿站沿途照料运送灵柩返回南京安葬，皇帝所赐匾额供奉在雷氏故宅大堂。作为雷家世代执掌样式房、主持皇家建筑设计事务的创始人，雷金玉在后来的《雷氏宗谱世录》中，被尊奉为雷氏家族迁居北京的始祖。

随着乾隆盛世的到来，皇家营造业也空前兴盛起来。扩建圆明园和建造清漪园的设想接踵而来。雷声征的三个儿子——样式雷的第四代传人雷家玮、雷家玺和雷家瑞，也就是在这样的环境中施展才华，在乾隆与嘉庆年间将祖业发扬光大。三兄弟中的雷家玺又堪称佼佼者，他不仅设计了万寿山、玉泉山、香山、热河避暑山庄、昌陵和圆明园东路等皇家工程，还在乾隆八十大寿时承办了灯彩与焰火，并设计建造了圆明园中的同乐园大戏台。

嘉庆二十四年（1819），转眼间雷家玺的三子雷景修开始秉承衣钵在圆明园样式房学习“世传差务”。道光五年（1825），重病中的雷家玺觉得儿子尚难承担重任，因此立下遗嘱将样式房掌班职位让给外姓同行接管，而此时的雷景修却并没有放弃延续家族荣耀的信念，20年后终于夺回了样式房掌案的职位，成为样式雷家族史上承前启后的关键人物。

咸丰十年（1860），圆明园遭到英法联军劫难之时，雷景修偷偷地将原本存放在圆明园附近样式房中的画样、烫样运到了城内，并专门修建了三间房屋予以珍藏。由此，原本属于皇家的绝密建筑档案就在乱世中流到宫外。民国时期，因为样式雷家族无活可干，家族衰落，逐渐变卖这些档案，被包括当时的北平图书馆、中法大学、故宫博物馆、日本的东洋文库、法国的吉美博物馆、美国的国会图书馆等机构收藏，这些保存下来的圆明园等皇家建筑的图纸也为我们现在研究圆明园和其他皇家建筑的变迁、格局及样式提供了宝贵的资料。其中收藏圆明园样式雷图纸数量最大的是中国国家图书馆，中国国家图书馆收藏至今的“样式雷”圆明园图籍，共105包，2200余张，分装为13大函。其中有工程说帖近300张，图中注有年月或据内容可判明成图年代的共约300幅。其中嘉庆、光绪两朝各约10幅，其余均为道光、咸丰、同治三朝所绘，但纯属乾隆朝以前独有平面的图样却很罕见，目前只发现零星几张。

在后来同治朝重修圆明园、光绪朝修三海及颐和园的工程，样式雷家族都继续延续着家族的辉煌，直至清王朝灭亡。

第六代样式雷——雷思起画像

此人参与了同治朝重修圆明园的绘图和设计工作。

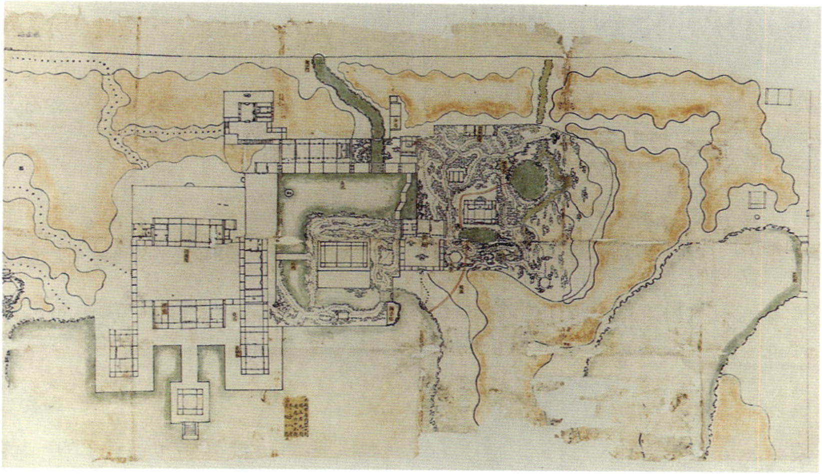

长春园狮子林样式雷图

样式雷绘制的圆明园内檐隔断图案

葡萄牙使臣到访圆明园

葡萄牙（清朝时称其为“博尔都噶尔国”）是欧洲各国中与清政府正式交往最早的国家之一。清代康雍乾三朝，葡萄牙国王曾先后三次遣使访问我国。第一次是在康熙五十九年（1720），使臣为裴拉理，康熙皇帝玄烨在畅春园九经三事殿会见、赐茶。第二次是在雍正五年（1727），使臣为麦德乐，雍正皇帝胤禛曾四度会见，后三次都安排在圆明园内。第三次是乾隆十八年（1753），使臣为巴哲格，乾隆皇帝弘历也曾在圆明园两度宴赏，并与来使一同观赏福海端午龙舟。

麦德乐（Alexandre Metelode Sousae Menezes）携带国书及30箱礼物，随张安多（Antóinde Magaihaens）等9位神父，从葡萄牙乘坐“奥利维拉圣母号”（Nossa Scnhorad' Oliveira）船，经巴西里约热内卢前来中国。雍正四年（1726）到达澳门。麦德乐及其随从共64人，受到澳门葡萄牙当局和市民的隆重欢迎，各炮台和战舰礼炮齐鸣，三队官兵在门口组成仪仗队，人们希冀着这一位大使能减轻雍正皇帝对天主教之厌恶情绪，进而改善在澳门的处境。

雍正五年闰三月二十八日（1727年5月18日），葡国使臣麦德乐抵达北京，雍正为他安排了极为隆重的进京仪式：先是一队200人的满族军队及三队乐手；接着是260名身着红衣的仆役抬着30个覆盖着黄色丝绸的装有礼物的箱子；然后是身着蓝色和银色制服的鼓号手，伴随着举有镶着金边旗帜着绿色的锦缎的葡萄牙士兵；然后是手持兵器的皇家卫士、马夫和身着金银衣服、头戴羽帽等候的绅士和秘书，每人有一仆役牵马跟随；然后是数量更多的身着蓝、银色制服的皇家士兵；接下来是坐在八人大轿上的大使，轿子用蓝色天鹅绒装饰，八个轿夫均身着蓝衫、系红腰带，戴羽帽，另有一名士兵护卫轿子；澳门议事局的副官坐轿随其后，大使的坐骑被套上精致的马装。之后是随从神父、翻译、宫廷教士及其他使团成员，最后有一队中国官员。整个队伍一共有800人。

从三月二十八日（5月18日）到来至五月二十八日（7月16日）离京回国，葡国使臣共在京城逗留60天。麦德乐四月初八（5月28日）在故宫觐见雍正皇帝，并递交了葡萄牙国王唐·若望五世的亲笔信。麦德乐说国王派他从遥远的西方来华，是专程祝贺雍正皇帝登基的，祝愿两国朝廷继续保持良好的关系，并特别强调国王让他恳请雍正皇帝协调在澳门和中国内地居住的葡萄牙人与中国臣民的关系。雍正皇帝听完翻译后很高兴，问葡萄牙国王身体好，并询问大使身体情况，表示他始终尽力仿效先皇帝康熙的方式治理国家，尤其总是善待外国人的。最后让来使和随从人员用茶。在接见葡使之后，雍正皇帝于当天即移驻圆明园。

葡使麦德乐于四月十八日（6月7日）第一次进入圆明园，向雍正皇帝呈献葡萄牙国王的礼物。装礼物的箱子被原封不动地抬到雍正皇帝面前。这些箱子很精致，外边包裹着天鹅绒，缀有饰带，镶着金边，银制锁钥。雍正皇帝过目后，让两位大臣陪葡使去用餐，并转告麦德乐：葡萄牙国王是一片诚心，但礼物太多了，不好全部接受。麦德乐则回应说道，因为葡国距离中国路途遥远，这次带来的只是区区小礼，按照欧洲人的习俗是要全部收下礼物的，不然就是对客人不尊重。大臣送走麦德乐后，雍正说在葡使回国之前还要会见他一次，并吩咐大臣们每两天送一次御膳给麦德乐。几天后雍正皇帝派人送给葡使1000两银子，让他买些中国特产带回欧洲。麦德乐请求去面谢皇帝，雍正答应了，并说准备让他去游览圆明园。

麦德乐四月二十四日（6月13日）二进圆明园，向雍正皇帝谢恩。雍正则先招待麦德乐用餐，然后让他乘船在圆明园内好好地游览了一圈。

麦德乐三进圆明园是五月二十日（7月8日）。早晨6时，麦德乐向雍正皇帝作访华辞行。像首次觐见时一样，鼓乐声响起表明皇帝已就坐于正大光明殿中央宝座后，麦德乐登上台阶，在中门前行三跪九叩礼，进入大殿，坐在为他准备的坐垫上，其他人站在一旁。侍卫为皇帝斟酒，待他饮后，侍卫又呈给一个金酒盅，皇帝双手捧酒盅，葡使被3位大臣领到御座前，皇帝把酒盅递给麦德乐，说：“你能喝的话就全喝下去，不能喝就量力而行吧。”葡使跪着接过酒盅，喝了一口，叩头感谢，又被领回原位。雍正赐麦德乐和大臣们一起用餐、看戏。会见结束后，大臣们陪麦德乐在院内现搭的亭式黄帐中进早餐。后又到同乐园看戏，并宴请葡使及随从人员。最后送葡萄牙国王35箱礼物，也送给麦德乐7箱礼物。麦德乐离京时，雍正皇帝还派人到船上送行，并特意送去由御膳房备办的丰盛佳肴。

葡使麦德乐离京第五天（7月21日），雍正皇帝在圆明园召见了巴多明、宋君荣、戴进贤等9位神父及郎世宁修士。雍正和这些来自西方的传教士好好地长谈了一次，内容主要是葡萄牙使臣麦德乐提出的一些宗教事宜。首先，雍正驳回了麦德乐关于清政府归还教堂并允许在各省传教的要求。然后，雍正批评担任翻译的法国神父巴多明（Dominique Parrenin，1663—1741），指责他没有把皇帝的意图和想法（雍正三年九月和五年正月，雍正皇帝先后在圆明园和故宫召见过传教士们），正确地向麦德乐翻译和解释清楚（其实巴多明神父事先已经和麦德乐说得很清楚，但麦德乐执意要向雍正皇帝提出这些要求）。在批评完巴多明神父后，雍正很严肃地命令所有在场的传教士，叫他们经常提醒在广州的欧洲人，让各国使臣从此不得再提出类似的要求，说即便是各国国王和教皇本人提出这些要求——“朕也会拒绝的！”另外，雍正再次强调：“中国有中国之教，西洋有西洋之教。西洋之教不必行于中国，亦如中国之教岂能行于西洋。”

雍正与水法殿

康熙五十八年（1719），胤禛题诗云："轩亭开面面，原隰对畇畇。禾稼迎窗绿，桑麻罨地新。檐星窥织火，渠水界田畛。"描绘的就是"园景十二咏"中耕织轩一景（水木明瑟一带）。雍正性格多疑，睚眦必报，在上位之前，曾因夺嫡之争与兄弟子侄结下恩怨。雍正登基之后，将参与夺嫡之争的兄弟们纷纷圈禁了起来，连他的同母弟弟十四阿哥及其儿子也不例外，直到乾隆登基之后才将他们释放。其他的几个皇子在圈禁期间陆续死去，雍正还将残留的乱党势力纷纷处置，招来很多非议。雍正自己也知道得罪了很多人，总怕被人暗害，所以也处处小心。即便在圆明园居住，仍然不踏实，经常自己独处于圆明园某一角落内。那时候的圆明园虽然夏天很清凉，但在炎热的夏天把自己关在殿宇内，依旧会很闷。所以雍正才命人设计了既能确保完全封闭、保证安全和私密性，又能通风避暑的"水法殿"。

雍正五年（1727）闰三月，雍正传旨风扇屋内翎毛风扇小了，着再做一具大些的，五月十一日做得染黄色翎毛风扇一分，安讫风扇屋内。扇长54.4厘米，宽57.6厘米，把长11.5厘米。雍正八年（1730）《活计档》称之为"耕织轩水法"。雍正八年，因水法上的铜轮子、笼子被磨淤，遵旨照样再做轮子两个、笼子一个换安上，该水注风扇有时亦称为“澹泊宁静水法风扇”。乾隆二十四年（1759）五月遵旨另换新扇，造办处从司房领用风扇六把改做而成，换下原铜掐靶羽毛扇六把、紫檀木扇靶六件。这座西洋水注风扇当时亦称“耕织轩水法”，此西洋水法风扇也是我国古典园林引进西洋人工喷水机关的开始。

此建筑设计得十分巧妙，河道从房屋中心穿过，在房屋正中挖坑设置机关，利用水流带动齿轮，齿轮又转动上面的风扇形成类似今天风扇的装置。而雍正皇帝则坐在水力风扇的对面，既享受着风扇的凉爽，又

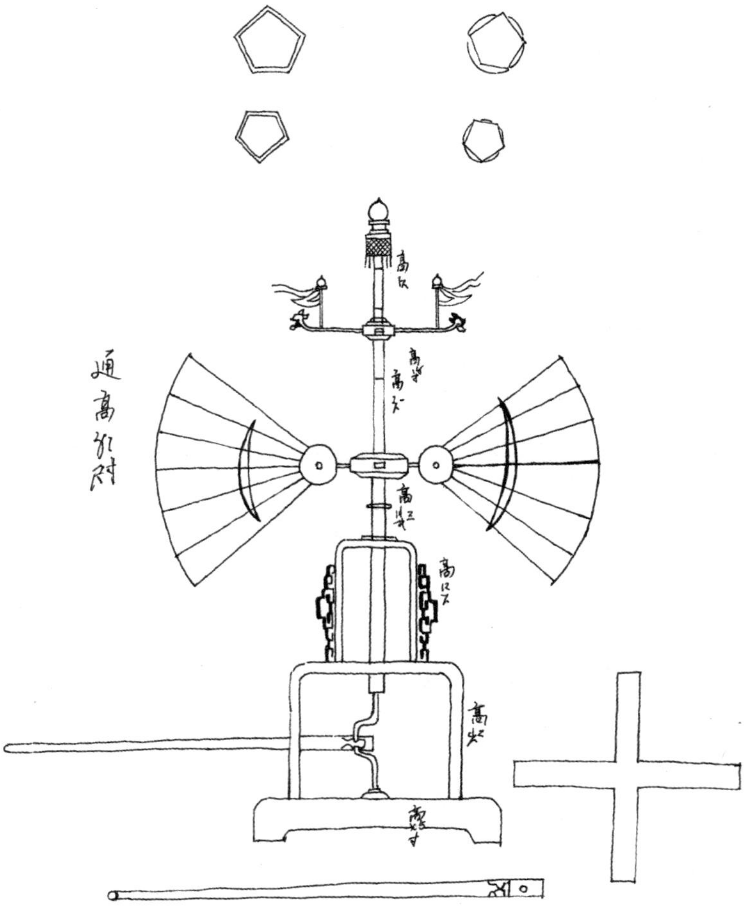

根据样式雷图手绘的水法风扇

可以从容地处理公文和奏章。

乾隆九年（1744）《御制水木明瑟词》序曰：“用泰西水法引入室中，以转风扇，泠泠瑟瑟，非丝非竹，天籁遥闻，林光逾生净绿。郦道元云：竹柏之怀，与神心妙达；智仁之性，共山水效深。兹境有焉。”嘉庆亦题有《水木明瑟歌》，诗句云：“石渠引水来屋里，盈科不息俯清沚。转机运箑凉自生，习习南薰坐间起。循环无已翻浪花，声戛涧泉溅绿纱。”

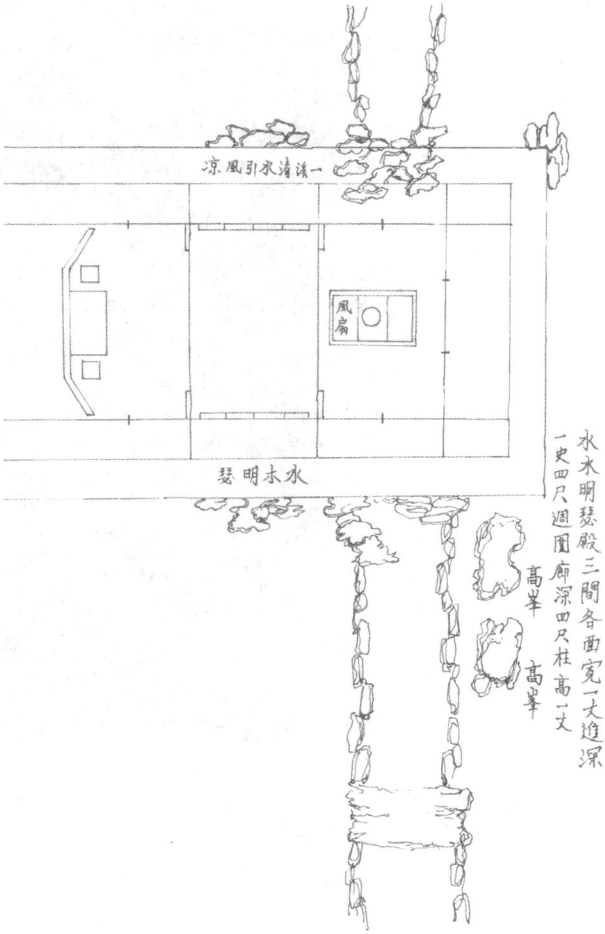

根据样式雷图手绘的水木明瑟殿

水木明瑟殿

雍正于圆明园内种植红薯

红薯，又称甘薯、番薯、山芋等，为旋花科一年生植物。叶片一般为椭圆形，花冠有多种颜色，最多的是粉红色、白色、紫色。这一司空见惯的食物，原本不是中国土生土长，而是漂洋过海、不远万里“移民”过来的。而且第一次来到长江以北地区竟然就是圆明园。

郭沫若先生曾有一首《满江红》的大作，就是“为红苕传入中国370年而作”的，从郭先生写这首词的时间（1962）反推，可知福州人陈振龙从吕宋将红薯引入中国的时间约为1593年（明代万历二十一年）。那么，郭先生是如何准确判断这一时间的呢？当年，郭沫若先生亲手翻开清代乾隆三十三年（1768）刻印的《金薯传习录》，通过那些已然泛黄薄脆的纸页字行，确切地查找到：明万历二十一年五月，福建商人陈振龙在菲律宾群岛中的吕宋岛购得薯“藤数尺，并得刈植藏种法归，私治畦于纱帽池舍傍隙地。依法栽植，滋息蕃衍，其传遂广”。

这一有关红薯传种中国最明确、具体的记载，让郭沫若先生再也抑制不住内心的激动与诗意，以“红苕”（红薯）为主角来创作诗词，挥毫写下了《满江红·为红苕传入中国370年而作》这首词作。

1593年5月，陈振龙历经艰辛才将红薯藤编入船上的一根绳子中，吊在船舷下，从菲律宾经七昼夜一路漂回福州。陈振龙父子很快就在福州的房屋后门纱帽池边隙地试栽。过了四个月，启土开掘，番薯“子母相连，大者如臂，小者如拳，味同梨枣，食同充饥，且生熟煨者均随其便”。就这样，菲律宾的国宝——红薯，在中国落地生根。当时，明政府将这种引自“番邦”的植物，定名为“番薯”；清雍正年间，红薯传入北京。

据《北京种植业志》记载：“清代雍正八年，福建海关官吏将红薯呈送进京，只在圆明园内栽种，作为皇室御用品。”查阅档案我们可以得知：雍正八年四月二十七日，福建海关监督准泰呈进番薯苗六桶，大头钢四百觔，缮写折片，郎中海望具奏。奉旨：番薯苗交圆明园该管处栽种，其随来会种番薯苗之人俱留下，着伊等指教本处人栽种，其所用饭食尔等好生照看，俟本处人于种法通晓时再令伊等回南，其做何赏给之处尔等酌量用崇文门余银赏给，务着伊等欢喜感戴回南。大头钢收贮造办处，俟怡亲王病痊时，着怡亲王看，应打造何物即行打造何物。钦此。

这是红薯传入北京最早的记载，也证实了雍正皇帝下令在圆明园种植红薯的历史。

《胤禛美人图》

《雍正十二美人图》（《胤禛美人图》）共12幅，每幅图都宽94厘米，长184厘米。现存于北京故宫博物院。

这12幅画中的题字，很明确是尚为雍亲王时期的胤禛亲笔，当年贴在圆明园深柳读书堂围屏上的。画中的家具和陈设都是写实，例如“黑退光漆”“有束腰长方桌”“彩漆方桌”“波罗漆方桌”“斑竹桌椅”“彩漆圆凳”“黄花梨官帽椅”“黄花梨多宝格”，桌案和多宝格上陈设的“仿宋官窑”瓷器、“仿汝窑”瓷器、“郎窑红釉”瓷器，以及“剔红器”“仿洋漆器”和精致的紫檀架、座等，都是康熙至雍正时期家具和陈设最盛行的样式。

根据内务府档案中木作的记载，其中有一条：“雍正十年八月二十二日，据圆明园来帖，内称：司库常保持出由圆明园深柳读书堂围屏上拆下美人绢画十二张，说太监沧州传旨：着垫纸衬平，各配做卷杆。钦此。本日做得三尺三寸木卷杆十二根。”

雍正十年（1732）六月，谦妃刘氏生下皇十子，换而言之，绢画被撤下围屏时正值谦妃得宠，其中是否有瓜葛已经无从考证，到底是藏得更珍惜还是从此不再珍惜，结果也是让这十几位“美人”逃过圆明园灾劫，留存下来。

博古幽思

持表对菊

观书沉吟

烘炉观雪

立持如意

捻珠观猫

裘装对镜

桐荫品茶

消夏赏蝶

倚门观竹

倚榻观雀

烛下缝衣

笃信道教的雍正皇帝与圆明园

道教是中国固有的宗教，源于古代的巫术。所谓“巫”是利用虚构的“超自然的力量”来实现某种愿望的法术，是原始社会的信仰和后来天文、历算、宗教的起源。在中国古代，巫的权力很大，执掌祭祀天地鬼神及为人祈福禳灾，兼事占卜星历之术。后来权力减小，演变为民间的巫师。

道教始于东汉顺帝年间，由张道陵倡导于鹤鸣山。因入道者须出五斗米，故称“五斗米教”。道教奉老子为教祖，尊称“太上老君”，以《老子五千文》（《道德经》）、《正一经》《太平洞极经》为主要经典。元代以后，道教分为南、北两派。南派亦称“正一派”，北派亦称“全真派”。正一派道士除少数人外，一般不出家，俗称“火居道士”或“俗家道士”。全真派道士均须出家。

雍正主张“三教合流”。三教即指儒教、佛教、道教。雍正认为三教的作用是不一样的。儒为治世，佛为治心，道为治身。他信奉佛教，做了一部《御选语录》，重点选择“提持向上，直指真宗”之言。他还将一些僧侣、道士的语录，编入自己的《圆明语录》《圆明百问》，附录《当今法会》，刻印佛典《宗镜录》《宗镜大纲》《经海一滴》等书。

雍正在藩邸时，就开始重视道教，与道士有所来往，甚至写过两首赞扬道士的诗：

赠羽士二首

身在蓬瀛东复东，道参天地隐壶中。
还丹诀秘阴阳要，济世心存物己同。
朱篆绿符灵宝箓，黄芽白雪利生动。
一瓢一笠浮云外，鹤驭优游遍泰嵩。

羽帔翩翩冷御风，醮章长达上清宫。
化龙有技苍云绕，跨鹤无心颢气通。
玉屑驻颜千岁赤，丹砂养鼎一炉红。
真机妙谛因师解，何心罗浮访葛翁。

——《世宗宪皇帝御制文选》第二十六卷

雍正对于道教教义的看法是：实与佛教并无悖违，认为“性命无二途，仙佛无二道”。雍正自雍正七年（1729）冬患了一场大病，他的病到了雍正八年夏秋时最重。雍正八年十月十五日，内务府总管海望奉旨：养心殿西暖阁着做斗坛一座（《活计档》雍正八年十月十五日）。养心殿是雍正在清皇宫下榻之处，西暖阁系其侧室。斗坛即北斗众星之母——斗姆（母）之坛，尊称为“先天斗姆（母）大圣元君”。也就是说雍正在自己的寝宫之侧，设道教的斗坛。大病期间雍正皇帝在圆明园居住时，也在圆明园设有道教的斗坛。

《清世宗诗文集》第26卷中有一篇叫《烧丹》：

铅砂和药物，松柏绕云坛。
炉运阴阳火，功兼内外丹。
光芒冲斗耀，灵异卫龙蟠。
自觉仙胎热，天符降紫鸾。

从中我们可以看出，雍正皇帝学习过炼丹，或者与道士一起炼过丹。否则，很难写出“自觉仙胎热，天符降紫鸾”这样的诗句。

从清代档案史料中也能证明从雍正四年起，雍正皇帝就经常服用由道士炼制的一种丹药，名叫“既济丹”。他不光自己多年不间断地服用，还把这种丹药赏赐给大学士鄂尔泰、河东总督田文镜、川陕总督岳钟琪等宠臣服用，据说服后“大有功效”。起初是服用道士进献的丹药，后来就索性在圆明园内开炉炼丹，炼丹的地点主要是在圆明园的秀清村。

秀清村

雍正炼丹之所，后被乾隆定名为“别有洞天”。

雍正八年（1730）五六月间，雍正病重，居住在圆明园，他就谕令各省总督和巡抚，为他寻访精通医学或修炼养生之人。十月底雍正从圆明园迁回故宫之后，相关人员就根据他的旨意，在秀清村开始生火烧丹。雍正丹炉一开，烧炼之火便没有再灭。在雍正九年到十三年（1731—1735）的《活计档》中，这类记载便越来越多。如雍正九年的“六所档”，雍正十年的“南薰殿并圆明园头所、四所、六所、接秀山房总档”，雍正十一年的“四所等处档”，雍正十二、十三年的“六所档”，都有这类内容。根据档案记载，雍正为烧炼丹药，在这一时期传旨进用的煤192吨，炭42吨，此外还有大量的铁、铜、铅制器皿以及矿银、红铜、黑铅、硫黄等矿产品。据统计，自雍正八年十一月至雍正十三年八月的59个月内，共传用炼丹所需物品157次，地点基本都在圆明园内。

圆明园炼出的御用“丹药”，雍正除自己服用以外，还多次把园内炼出的丹药“配匣发报”，赏赐给正在西北边陲征战的大将军查郎阿、副将张广泗等人。《活计档》载，雍正十二年三四月间，雍正曾两次赏发“丹药”，一次是三月二十一日，向大将军查郎阿等4人各赏一匣；另一次是四月初一日，向散秩大臣达奈赏赐一匣。这两份档案都有“内大臣海望交丹药”字样，而且两次赏赐旨意都是“圆明园来帖”传发。可知，这些御赐“丹药”，就是圆明园御用炼丹点炼制的。

雍正皇帝画像

图中描绘岸边巨石之上雍正帝穿着道装，左手挥舞尘尾，右手合捻一丹，口中念念有词。但见波涛翻滚，一条蛟龙豁然跃出水面，张牙舞爪，煞是壮观。雍正帝命画家将自己绘为道士形象，显示出其与道教丝丝缕缕的关系。

雍正皇帝驾崩于圆明园

雍正皇帝笃信道教，在圆明园内炼丹，而且坚持服用“既济丹”多年。纵观历史，长生不老的企求总是伴着服丹丧命的悲剧，在帝王之家屡屡重演。中国古代先后有十五六位帝王死于丹药中毒——正是欲求长生，反致速死。原来，所谓的神丹竟“怀大毒在其中”，炼丹所用的铅、汞、硫、砷等矿物质都是含有毒素的，对人脑五脏侵害甚大。从这个角度上讲，旨在长生的丹药无异于害人的毒药。好丹、服丹的雍正也难以逃脱丹毒丧生的厄运。

随着清宫档案的发掘，雍正服丹致死说越来越得到史家的关注和认同。从档案记载看，雍正常年服食丹药，有毒成分在体内长期积累，最终死于丹毒当是正常的。《活计档》有一则雍正死前圆明园用铅记录：雍正十三年八月初九日，“圆明园二所用牛舌头黑铅二百斤”。黑铅是炼丹常用的原料，更是一种有毒金属，过量服食可致人死亡。这批黑铅运入圆明园12天后，雍正十三年八月二十三日（1735年10月8日）雍正在圆明园内暴亡。雍正死后的第二天，乾隆就下令驱逐炼丹道士张太虚、王定乾——若非此辈惹下弥天大祸，乾隆何需于万机待理之际对两个小小的道士大动肝火？乾隆特意强调，皇考雍正对炼丹道士“未曾听其一言，未曾用其一药”。若果真未曾服丹何需辩解，这不恰是此地无银三百两的诏告吗？就在乾隆下令驱逐道士的同一天，又宣谕太监、宫女不得妄传“外间闲话”，“恐皇太后闻之心烦”，违者“定行正法”。所有这些，不能不让人推测雍正死于炼丹道士之手。

不过雍正死于丹药中毒也是后人根据各种史料的分析，《清世宗实录》及《起居注册》并没有这方面的记载。《张廷玉年谱》记载：（雍正十三年八月）二十二日漏将二鼓，方就寝，忽闻宣召甚急，疾起整衣趋至圆明园，内侍三四辈待于园之西南门，引至寝宫，始知上疾大渐，惊骇欲绝。庄亲王、果亲王、大学士鄂尔泰、公丰盛额、纳亲、内大臣海望先后至，同至御榻前请安，出候于阶下。太医进药罔效，至二十三日子时，龙驭上宾矣。

我们还是按照史料：雍正十三年八月二十三日（1735年10月8日），雍正皇帝不明病情猝死于圆明园！

圆明园九州清晏

雍正皇帝猝死于这里。

贰　乾隆与圆明园

乾隆在雍正丧期满后，于乾隆三年（1738）正月十一日首次以皇帝的身份驻跸圆明园，于嘉庆三年（1798）十月十日最后一次离开圆明园返回紫禁城，次年正月初三日崩于养心殿。在此61年间，乾隆每岁必幸圆明园，乾隆五年（1740）驻跸时日最多，为251天；乾隆四十五年（1780）最少，只有10天。58年间累计在圆明园居住640次7310余天，年均每年园居11次126天。他除南巡外基本上都是正月初八至十二日（最早为初四）就迁居御园，到十月中下旬甚至十一月底（最晚为阴历小年）才最后回宫过年。相比较而言，乾隆在宫中的时间则较为平均。究其原因，大致是因为乾隆其人喜好巡幸，既要木兰秋狝（xiǎn）、承德避暑，还要江南巡视；既要东巡盛京，又要西巡五台山。而且还要经常光顾盘山行宫、南苑行宫等，于是才有了波动不定的活动记录。据统计，乾隆在位60年间，曾先后6次南巡、6次西巡五台、1次巡游嵩洛、4次到关外祭祖陵、5次去山东祭岱岳谒孔庙、7次巡视河淀津沽、数十次拜谒东西陵，他还在南苑行围38次133天，去盘山静寄山庄驻跸29次141天，而且几乎每年都去承德避暑和木兰秋狝两个多月至四个多月。

幼年在圆明园学习受教

乾隆皇帝名弘历，是雍正皇帝的第四个儿子，康熙五十年（1711）八月十三日出生于雍和宫。

雍正年间，弘历就先后被赐居于圆明园桃花坞和莲花馆。桃花坞位于圆明园后湖西北方，建造于康熙时期，雍正做皇子时圆明园就已经有此景区。乾隆登基后取名“武陵春色”，此景摹自陶渊明《桃花源记》的艺术意境，景色极佳。苏州阊门内旧有一处桃花坞，相传是唐伯虎的故居。圆明园的“桃花坞”，虽然袭用其名，但桃花之盛却非吴下可比。雍正四年（1726）弘历被赐居此处，当时他只有十五岁。弘历在乾隆三十九年御制《桃花坞即事》诗注曰：“是处为予十四五六岁时所居之地。”具体住的地方叫“桃源深处”，在桃花坞最北端的山环之中，非常幽静。

武陵春色

乾隆很喜欢在这里读书吟诗，将书室取名为“品诗堂”“乐善堂”和“绾春轩”。在其“品诗堂”的诗句中所云：“幼时书室此栖迟，六十余年未废斯。”

乾隆喜爱书法，造诣精深。他长期痴于书法，至老不倦。自内廷到御苑，从塞北到江南，园林胜景，名山古迹，所到之处，挥毫题字，墨迹之多，罕与伦比。

乾隆皇帝写字像轴

乾隆撰写了大量文章，仅编成文集的就有《御制文初集》《御制文二集》《御制文三集》《御制文余集》，共1350余篇，还有《清高宗圣训》300卷。乾隆尤喜爱作诗。他的御制诗集，登基前有《乐善堂全集》，禅位后有《御制诗余集》，凡750首。在位期间的《御制诗集》共有5集，434卷，有人统计，其初集4166首；二集8484首；三集11519首；四集9902首；五集7792首，共计41863首。他的诗总计42613首。而《全唐诗》所收有唐一代2200多位诗人的作品，才48000多首。乾隆帝是个业余诗人，以一人之力，其诗作数量竟与流传下来的全唐诗相仿。可以说，乾隆诗作之多，有史以来，首屈一指。他说：“几务之暇，无他可娱，往往作诗。”又说：“每天余时，或作书，或作画，而作诗最为常事，每天必作数首。”

雍正七年（1729）弘历又被赐圆明园的“莲花馆”，即“训政三年居仙馆”。莲花馆也是雍正登基时建造的一处建筑，弘历在这里居住了6年，雍正十一年雍正帝赐其雅号曰“长春居士”。弘历登基后，将此景区改名为“长春仙馆”。长春即长寿。长春仙馆前后大量培植月季——长春花，以植物烘托出永葆青春的长寿主题。

弘历采芝图

此画纵204厘米，横131厘米，画的是弘历青年和少年时自己的形象，现存于故宫博物院。

画幅右上弘历自题：“何来潇洒清都客，逍遥为爱云烟碧。筠篮满贮仙岩芝，芒鞋不踏尘寰迹。人世蓬莱镜里天，霞巾仿佛南华仙。谁识当年真面貌，图入生绡属偶然。长春居士自题。”下钤“宝亲王宝”白文方印、“长春居士”朱文方印，迎首钤“乐善堂”白文椭圆形印。画幅左侧梁诗正书长题，落款“雍正甲寅夏四月梁诗正谨题”，下钤“梁”朱文圆形印、“诗正”白文方印。“雍正甲寅”是雍正十二年（1734）。此时的弘历还是宝亲王，二十四岁。

附 皇子们在圆明园的学习

清代皇子读书，由皇帝钦点授课师傅。每天清晨卯初（5点）就要来到圆明园勤政亲贤景区东面的“洞天深处”学习。先学习满文、蒙文，然后习汉书，直到未正二刻（下午2点30分）才放学，吃过饭之后，还要接着去“山高水长”练习射箭。不论寒暑从不间断。一年只放5天假，即元旦、端午、中秋、万寿（皇帝寿辰）和自己的生日。《日下旧闻考》记载：“洞天深处在如意馆西稍南，额为皇上御书。前宇乃诸皇子所居，为四所。东西二街，南北一街。前为福园门。四所之西为诸皇子肄业之所。前为前垂天贶，中为中天景物，东宇为斯文在兹，后为后天不老。前垂天贶、中天景物、后天不老及如意馆诸额皆雍正御书。”弘历于乾隆九年（1744）在其御制诗《洞天深处》诗序曰：“缘溪而东，径曲折如蚁盘。短椽狭室，于奥为宜。杂植卉木，纷红骇绿，幽岩石厂，别有天地非人间。少南即前垂天贶，皇考御题，予兄弟旧时读书舍也。”

洞天深处

扩建圆明园

乾隆在位六十年，对圆明园的增建规模是相当可观的。增建工程主要分为两个阶段，第一阶段是乾隆九年（1744）前，在全园范围大规模增建，并命人绘制成圆明园《四十景图咏》；第二阶段是乾隆二十年至四十年（1755—1775），此时乾隆已经四次南巡，对南方园林很是迷恋，故对部分景群进行添建和改建。

乾隆九年（1744）前增建的景区有慈永祜（安佑宫）、方壶胜境、涵虚朗鉴、曲院风荷、月地云居、茹古涵今、汇芳书院等景群，福海四岸的部分景点也有添建；

乾隆十六年（1751），在别有洞天河北岸西部添建成纳翠楼；

乾隆十九年（1754），改建了廓然大公北半部的峭茜居一带叠石，增建丹梯亭、规月桥、峭茜居、启秀亭等建筑。同年还添建杏花春馆的春雨轩和南山得树亭；

乾隆二十五年（1760），添建舍卫城湛然室等殿宇；同年还对紫碧山房进行了大规模改造，添建纳翠轩、石帆室、景晖楼、翼翠亭及西部的澄素楼、横云堂、引溪亭等；

乾隆二十七年（1762），添建别有洞天的活画舫，疏竣成大宫门外扇面湖，并立御制《前湖》昆仑石一方；添建改建四宜书屋为安澜园，新建远秀山房、山影楼、引凉小楼等；在汇芳书院东南添建断桥残雪、在四达亭西北添建柳浪闻莺；

乾隆二十九年（1764），添建若帆之阁、耕云堂、爽籁居；在澡身浴德景区添建澄虚榭、静香馆、旷然阁、解愠书屋；在九州清晏添建清晖阁四景，即松云楼、露香斋、茹古堂、涵德书屋；

乾隆三十年（1765），添建藻园西所的自远轩、贮清书屋和溜琴亭；改建添建天宇空明的澄景堂、清旷楼和华照楼等殿宇；

乾隆三十一年（1766），改建坐石临流的抱朴草堂；

乾隆三十四年（1769），新建汇万总春之庙，包括味真书屋、香远益清；

乾隆四十年（1775），建成文源阁；

乾隆四十四年（1779），为了迎接班禅大师来京，在月地云居东侧添建法源楼；同年改建坐石临流兰亭为重檐八方亭；

乾隆四十七年（1782），改建濂溪乐处知过堂；

乾隆四十九年（1784），在汇万总春之庙添建宝莲航；

乾隆五十一年（1786），因为得元孙而在天然图画添建五福五代堂。

乾隆皇帝在御园内

修建长春园

长春园是由乾隆本人主持建造的。“长春”有长寿之意，乾隆时期建造的园林大多都以“春”字命名，如熙春园、绮春园、春熙院等。

长春园属于一体规划、一次性施工完成的园林，布局规划更加合理，既有人间仙境，又有江南园林。而且远离政治的喧闹，更具诗意。

自乾隆十六年（1751）起，长春园又在北端兴建西洋楼。使长春园成为第一座中西合璧的皇家园林。

长春园工程可分为两个阶段，第一阶段是从乾隆十年（1745）开始至乾隆十六年（1751），这个阶段是长春园全面兴工的阶段。长春园是乾隆十六年正式设置管园总领，说明此时园子初步格局已成。此时，园内建筑已有宫门、澹怀堂、云容水态、含经堂、思永斋、玉玲珑馆、得全阁、海岳开襟、流香渚、萝溪烟月、法慧寺、宝相寺、爱山楼和丛芳榭等景观。

乾隆十六年初次南巡之后，长春园开始移植江南名园名景，如：

乾隆十七年（1752），仿扬州瓜州锦春园建成茜园；

乾隆二十三年（1758），仿杭州西湖小有天园建造思永斋。

第二阶段是从乾隆三十一年（1766）至三十七年（1772），重点是增建东部各景。

乾隆三十一年（1766），建成映清斋；

乾隆三十二年（1767），仿扬州瘦西湖建成鉴园；

乾隆三十三年（1768），仿南京瞻园建成如园；

乾隆三十五年（1770），修改含经堂重檐大殿，并在西北部增建淳化轩、蕴真斋、三友轩、静莲斋、待月楼和理心楼等；

乾隆三十七年（1772），仿苏州狮子林建成狮子林。

《弘历观荷抚琴图》轴　（清）郎世宁　绘

表现的是乾隆皇帝在御园内园居生活的场景。

修建西洋楼

在长春园北界仿建有一组欧式园林建筑群，俗称西洋楼，共由十余座西式建筑和庭院组成。西洋楼景区呈“ ⊢ ”形，东西长860米，西部南北宽300米，其余仅宽65米，总占地面积7万平方米。这组西洋建筑群是由供职清廷的西洋传教士意大利人郎世宁，法国人蒋友仁、王致成，捷克人艾启蒙等设计和指导，由我国匠师建造的。建筑形式和造园形式，具有欧洲文艺复兴后期意大利的“巴洛克”风格和法国的“洛可可”风格，同时也吸取了我国园林和建筑的特点，进行了中西结合的尝试。

在总布局上，是用欧洲传统的几何构图，但局部又采用了我国的自然山水布局。

在造园内容上，既有西洋的宫殿、迷宫、线法画、水法（喷泉）、花坛和绿篱，又有我国的竹亭、叠石和甬路；既有西洋石狮子、石翻尾鱼，又有青铜雕塑的我国十二生肖。

原西洋楼海晏堂马首

被何鸿燊以6910万港元购得。2019年11月13日，在国家博物馆举行了捐赠仪式。

在建筑上，既采用大理石雕花券柱，又加盖了重檐琉璃瓦屋顶；并在抹灰的墙面上使用了彩色琉璃浮雕装饰。

西洋楼分成两个阶段建造完成，第一阶段主要是谐奇趣景观，包括谐奇趣、蓄水楼、黄花阵（迷宫）和养雀笼等建筑。此建筑群从乾隆十二年（1747）筹划，至乾隆十六年（1751）秋季正式建竣。在第一组西洋建筑竣工后，乾隆亲题御书“谐奇趣”“涵清虚”匾额。谐奇趣的室内装饰和陈设，也都颇具西洋奇趣。从乾隆十七年（1752）十月至乾隆十八年（1753）四月送到水法殿的西洋陈设即达二百件，有西洋罗镜灯、玻璃挂灯、玻璃八仙灯、挂镜、日晷、显微镜、银兽、绒狗、天体仪、浑天仪、天球、西洋珐琅莲花灯、珐琅碗缸瓶罐、大小钟表、花毡、箱柜桌椅等。乾隆原本只想建造这一组西洋喷泉景观，但建成后十分喜欢，故而追问传教士们是否能够继续建造更多的西洋建筑。

根据中国第一历史档案馆编写的《圆明园》记载，乾隆二十一年（1756）四月，郎世宁画的《谐奇趣东边西洋式花园》地盘样小稿，奉旨照准交圆明园工程处成造，乾隆二十二年（1757）七月蒋友仁呈览“新建水法仪器样”，奉旨照样做，由造办处匠役随蒋友仁完成。因为第一阶段西洋楼是按照中国传统的坐北朝南的建筑形式修建的，北边已再无建造空间，传教士们就由西向东建造，使西洋楼景区形成了我们今天看到的“┣━”形状。

第二阶段的主要建筑有方外观、海晏堂、大水法、观水法及线法山和线法画等。从乾隆二十一年（1756）开始施工，历时三年，于乾隆二十四年（1759）竣工。后又在乾隆四十八年（1783）添建远瀛观大殿。西洋楼景区建成之后，乾隆内府奉旨绘制成20幅西洋建筑立面透视图，即《西洋楼铜版图》或《西洋楼水法图》。该图的主画师是如意馆画师、满族人伊兰泰，刻制铜版则由造办处匠师完成。从乾隆四十六年（1781）起稿，历时五载，至乾隆五十一年（1786）四月印刷成图。图成之后，该套20块铜版（每块版用红铜26公斤）奉旨收藏于水法大殿，并在西洋楼各水法殿共陈列《西洋楼铜版图》纸图40套，在圆明园、长春园另外11处殿宇也各贮一套。

铜版图：大水法

大水法和远瀛观现状

铜版图：观水法

观水法现状

谐奇趣现状全景

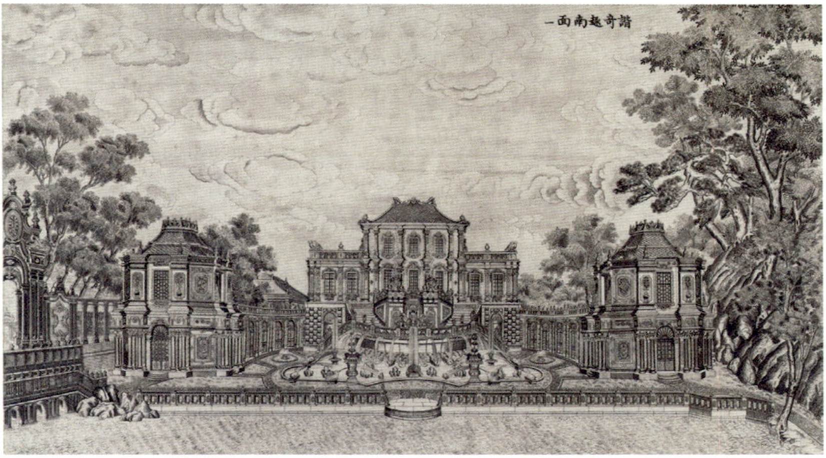

铜版图：谐奇趣南面

铜版图：海晏堂西

乾隆十八年（1753）四五月间，葡萄牙使臣巴哲格访华时，乾隆帝特允于此“瞻仰”水法。乾隆五十八年（1793），英使马戛尔尼访华时，也被特允参观圆明园并西洋水法景观。英王给乾隆皇帝的祝寿礼物在正大光明殿呈览之后，其中多件礼品遵旨移至“水法”（西洋楼）各殿陈列。

西洋楼的建造只是为了满足乾隆皇帝个人的猎奇心理，而并非对西方文化的推崇。西洋楼建好后，乾隆皇帝也只是把这里当成日常消遣和向各国使臣展现、炫耀大清王朝无所不能的场所，对西洋文化本身并没深究，甚至连基本维护都没有人去学习研究。据清内务府奏称，谐奇趣西洋水法于乾隆十六年（1751）建造完竣时，其提水机械，是用3匹骡子拉动水车往楼上提水，后因水车轮盘不时损坏，铜管也汲水不急，在乾隆二十八年（1763）奏准改为人力戽水，即改安辘轳雇觅夫役用大罐打水。此处共安了两架辘轳，打水用的是4根九股粗、10.56米长的麻绳，还配有八个口径为0.42米的大罐。乾隆三十九年（1774），蒋友仁去世，从此再无人懂得水法的机械操作，西洋楼水法逐渐荒废，到了道光朝，西洋楼地区的喷水系统基本报废。

谐奇趣遗址上的西洋狮子

移天缩地，意在君怀：对江南园林的仿建工程

乾隆年间正好处于一个社会经济文化大发展的历史时期，乾隆帝本人诗文画咸修，汉学造诣极高，对江南士绅文化也是大加推崇，将南巡驻跸之名园佳所逐一品题，回銮后又将中意之楼阁亭馆制成烫样呈览，亲自授意仿建工程的设计工作。所谓“仿建工程”即“模仿他处，异地建造的工程”，其实并不是完全照搬，有的属于参考，有的则只是按照意境修建，有的甚至和原景区差距很大，只是名字雷同或样子接近而已。圆明三园重点的仿建工程如下。

圆明园与西湖十景

（1）平湖秋月

圆明园中最早在雍正时期就第一次出现了用西湖十景之一命名的景点，即位于福海北岸的“平湖秋月”。此景东西长400米，南北宽50～100米，占地2万平方米，建筑面积1400平方米。乾隆九年（1744）绘制的《圆明园四十景图咏》就有这组景观。

“平湖秋月”四字为雍正帝所题，雍正七年（1729）《平湖秋月》诗云：“树杪暮烟收，晴光逐水流。浅沙闲立鹭，轻浪稳眠鸥。心月双圆镜，湖天一色秋。恍疑星汉里，缥缈玉京游。”乾隆九年（1744）御制《平湖秋月调寄浣溪纱》词序曰：“倚山面湖，竹树蒙密，左右支板桥以通步屧。湖可数十顷，当秋深月皎，潋滟波光接天无际。苏公堤畔，差足方兹胜概。”词云：“不辨天光与水光，结璘池馆庆霄凉，蓼烟荷露正苍茫。白傅苏公风雅客，一杯相劝舞霓裳。此时谁不道钱塘？”道光御制《平湖秋月》诗句云：“平湖日午泛轻航，飒飒南风喜送凉。鸣籁青松遮碧嶂，含芳紫槿映虚堂。”“四望溟濛涵妙景，瀛洲图画水中央。”

圆明园仿西湖十景之“平湖秋月”

平湖秋月的仿建可以说和西湖的本景有一定的相似之处，它们的主体建筑均位于大面积湖水的北岸，拥有同样开阔的南向视野。圆明园平湖秋月东端的三孔石桥也恰似白堤上锦带桥的缩影。

除平湖秋月之外，圆明园中仿西湖十景的其他九个景点均为乾隆帝所题，同时值得一提的细节是，乾隆帝并没有遵照其祖父对两峰插云、雷峰夕照、南屏晚钟三景景名的改动，而是仍然沿用了民间原有的说法。

（2）曲院风荷

这是西湖十景中另一处名列圆明园四十景的景点，同时也是园内模仿西湖十景中占地面积最大的一处。此景位于后湖与福海之间，北为一组庭院，南为大片荷池，池上架有九孔石桥。桥东、西各有一座牌楼。其正殿为五开间殿，外檐悬乾隆御书“曲院风荷”匾，殿西有洛伽胜境楼，洛伽又称“普陀洛伽”，南海落迦实即东海普陀，为佛教四大名山之一。说明此楼又仿自浙江定海普陀山。此景南北长400米，东西宽130米，占地5万平方米，建筑面积1450平方米。乾隆九年（1744）绘制的《圆明园四十景图咏》有这组景观。

圆明园仿西湖十景之“曲院风荷”

乾隆九年（1744）御制《曲院风荷》诗序曰：“西湖曲院为宋时酒务地，荷花最多，是有曲院风荷之名。兹处红衣印波，长虹摇影，风景相似，故以其名名之。”诗云：“香远风清谁解图，亭亭花底睡双凫。停桡堤畔饶真赏，那数余杭西子湖！”

西湖曲院风荷原为宋时酒池，因窖旁广植荷花故有“风荷”之名。康熙三十八年（1699）在跨虹桥西建御碑亭，其后又续建了望春楼、迎薰阁、聚景楼等建筑。“曲院风荷”东临苏堤，南北与西里湖、岳湖相夹，是一处于荷花水景中体现尧舜林泉之乐的风景胜地。此景与西湖本景已经较为相似了。

（3）三潭印月

这是位于方壶胜境西侧的一个相对独立的小景区，以游廊串联五座亭榭，横跨于水上。在水中的一座重檐四方亭上悬“三潭印月”之额，亭西水中置有三座小砖塔，各通高七尺五寸。在东边还有一座名叫“涌金桥”的小石桥。占地1万平方米，建筑面积280平方米。

圆明园仿西湖十景之“三潭印月”

乾隆曾有诗句云："高冈翔羽鸣应六，曲渚寒蟾印有三。"此景观与西湖景观稍有不同，首先是三座小砖塔，虽与西湖三潭石塔形制很相仿，但还是略有不同；其次是西湖的三潭石塔是在广阔的西湖中，而圆明园的三潭石塔位置并没有在与西湖更为相似的福海中，而是被完全收罗在一处半封闭的小水湾中。看似狭小的布局却丝毫不感觉拥挤，且层次感十分鲜明，比起西湖三潭石塔更有一种皇家御苑的气派。

（4）断桥残雪

位于圆明园西北部，汇芳书院以东，是一座东西向平桥，西面与问津亭相邻。乾隆二十八年（1763）在桥东竖立一座石牌坊，坊楣额曰"断桥残雪"。坊阴镌刻《断桥残雪》御制诗："在昔桥头密雪铺，举头见额忆西湖。春巡几度曾来往，乃识西湖此不殊。"杭州西湖的苏堤背靠宝石山，面向杭州城，长达2.8公里。断桥是西湖苏堤上一座较长的单孔石拱桥，系于白堤东端，清朝时在桥上建有一亭。康熙三十八年（1699），康熙皇帝御书为西湖十景之一。圆明园断桥则位于一条窄小河道之上，从《圆明园四十景图咏》上看，只是一座普通的木板桥，甚至没有栏杆，在水景上更是无法与西湖断桥相比，只能属于一般性仿建。

（5）柳浪闻莺

位于文渊阁西北，是一处被大片稻田包围着的小景点，其西面即皇帝观稻赏荷的芰荷香。

柳浪闻莺的标志性建筑除了一座南北走向的小桥外，就是乾隆二十八年竖立的石坊了。坊楣额上乾隆皇帝御制诗云：

十景西湖名早传，御园柳浪亦称旃。
栗留叽啭无端听，讶似清波门那边。

"清波门"即杭州西湖柳浪闻莺一景所在地之旧称。

西湖"柳浪闻莺"位于涌金门与清波门之间的濒湖地带，南宋时，这里是京城最大的御花园，称聚景园。当时园内有会芳殿和三堂、九亭以及柳浪桥和学士桥。有柳州之名。其间黄莺飞舞，竞相啼鸣，故有“柳浪闻莺”之称。康熙皇帝建御碑亭于涌金门南。乾隆时修御书楼等建筑。

圆明园柳浪闻莺与西湖本景自然风光有一点点相近，乾隆皇帝把对圆明园柳浪闻莺一景的特别理解融入了诗文：“栗留叽啭无端听，讶似清波门那边。”将圆明园的稻涛麦香与西湖的柳浪花香暗自对比。此景处理得还是比较巧妙的，表达了乾隆的一种意境。

“柳浪闻莺”石坊坊楣尚存，是西湖十景中唯一的保存有文字的文物，坊楣原已流落至朗润园，1977年运回园内，现存圆明园遗址公园。

“柳浪闻莺” 石坊坊楣

“柳浪闻莺”坊楣阴面乾隆御笔

（6）苏堤春晓

位于天然图画景区与曲院风荷之间一条南北狭长的土堤上。主体建筑为一座三间卷棚敞厅，外檐悬乾隆五年（1740）御书“苏堤春晓”匾。乾隆五十四年（1789）又在此安设鱼缸一对。

西湖苏堤春晓是一条贯穿西湖南北风景区的林荫大堤，苏堤南起南屏山麓，北到栖霞岭下，全长2.8公里。宋朝苏轼任杭州知府时，疏浚西湖，取湖泥葑草堆筑而成。沿堤栽植杨柳、碧桃等观赏树木以及大批花草，还建有映波、锁澜、望山、压堤、东浦、跨虹六座单孔石拱桥。而圆明园中仿建的苏堤春晓虽然也设于一条堤岸上，但仅仅是池塘岸边的普通小堤，与西湖差距太大，此景也只能属于一般性仿建。

（7）花港观鱼

在西峰秀色景区北端溪流之上。西面与长青洲相对，乾隆九年（1744）《圆明园四十景图咏》上显示为一座木板桥，上架棚顶三间，板桥中间可以自如开合，内檐悬乾隆御笔“花港观鱼”匾，乾隆二十二年（1757）用旧字旧胎股做的黑漆金字一块玉匾悬挂。乾隆二十九年（1764）前后改建成过河敞厅。

西湖花港观鱼地处苏堤的南段西侧，肇始于宋代之卢园，后来园废。康熙三十八年（1699）康熙皇帝驾临西湖，在苏堤映波桥和锁澜桥之间的定香寺故址上，重新砌池养鱼，筑亭建园。圆明园中仿建的花港观鱼是一处以赏鱼为目标的敞厅，除了赏鱼观鱼相似外，其他和西湖原景几乎无相似之处，只能属于写意化的仿建。

（8）雷峰夕照

位于福海东岸的涵虚朗鉴景区，为一座西向临水的三间小轩，前出一抱厦。外檐悬挂“雷峰夕照”匾，内额为乾隆御书“涵虚朗鉴”锦边壁子匾。

西湖“雷峰夕照”位于西湖湖南、净慈寺前的夕照山上，借景于夕照山上的雷峰塔。塔为吴越王钱镠所建，历代屡有损毁，清朝时雷峰塔木结构全无，只剩下砖石结构的塔心矗立在夕照山上。

圆明园雷峰夕照与西湖本景也是毫无相似之处，圆明园的雷峰夕照是一处用以观山凭眺的地方，并无任何佛塔借景，只是站在此处由福海西望，西山南北连绵，尽收山容水态。尤其是夕阳西下之时，更是美不胜收，不过此景只有“夕照”之景，并无“雷峰”之意。

（9）两峰插云

位于平湖秋月以东，是一座建于高台之上的重檐四角方亭。亭外悬乾隆御书“两峰插云”匾。乾隆五年（1740）九月在“两峰插云亭”上安玻璃两块，各长54厘米，宽29厘米。

西湖“两峰插云”一景是凭眺西湖南北两座高峰的景观，《西湖志》卷三载，所谓“南高、北高”两峰相去十余里，中间层峦叠嶂，蜿蜒盘结，列峙争雄，而两峰独以高名，为会城之巨镇。山势既峻，能兴云雨，故其上多奇云。山峰高出云表，时露双尖，望之如插，宋人称“两峰插云”……康熙三十八年（1699）圣祖仁皇帝驾临西湖……改“两峰”为“双峰”。

圆明园“两峰插云”与西湖原景除了名字以外，并没有太多的关系。福海周围并无这样的山峰，只是用一座高台方亭进行悬额，有凑数的嫌疑。

圆明园仿西湖十景之“两峰插云”

康奈尔大学收藏的拍摄于19世纪末的“两峰插云”旧照

（10）南屏晚钟

这是福海南岸夹镜鸣琴景区中一个十字形平面的小亭子，外悬乾隆御书“南屏晚钟”匾，其西侧为供奉碧霞元君的广育宫。

西湖南屏山位于西湖南岸、玉皇山北，九曜山东。“南屏晚钟”即指南屏山净慈寺傍晚的钟声。

圆明园“南屏晚钟”周边并无大型寺庙，只有一座道观广育宫，亭子内部是否有铜钟也无从知晓，无论是意境还是感觉都与西湖本景差距很大。唯一效法西湖的就是圆明园南屏晚钟选址在福海东南，与南屏山净慈寺同西湖的位置关系略为相似。此景也有凑数的嫌疑。

（11）紫碧山房与苏州寒山别业

紫碧山房，位于圆明园最西北隅，西北两面皆倚园墙。初步建成于雍正九年（1731），是全园地势最高的园中之园，溪水亦单独自西北墙外三孔闸导萧家河水入园。景群主体部分南北长125米，东西宽110米，占地1.37万平方米。

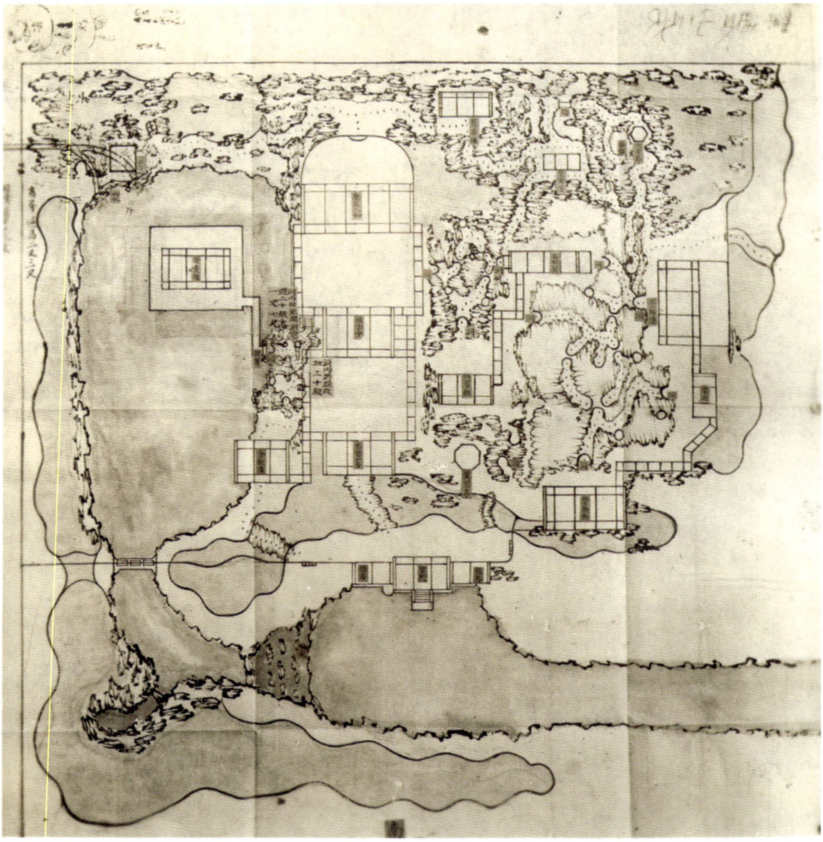

圆明园紫碧山房样式雷图

寒山别业位于苏州迤西支硎山南麓，为宋赵氏王室后裔、晚明吴中名士赵宧光（1559—1625）所建，包括寒山别墅（东）、千尺雪（西）两部分。赵宧光对寒山的经营始于万历二十二年（1594），因其不满江南黑暗的政治环境，遂携妻子于支硎山南麓的寒山构筑私家别业，从此夫妇二人隐匿在山林之中，研习经学义理、金石书画。因其造诣极高，建有千尺雪、小宛堂、云中庐、弹冠室、惊虹渡、绿云楼、飞鱼峡、驰烟驿、澄怀堂、清晖楼等诸多胜景，寒山别业遂成为吴中名人高士争相拜访的地方。赵宧光死后葬于寒山的谽谺谷。此后，寒山别业逐渐荒废，至康熙年间，遭人为破坏而日渐衰败，清圣祖玄烨于康熙三十八年（1699）游华山途经寒山时，房屋建筑破旧不堪，为僧人所居。乾隆十六年（1751），为了迎接乾隆皇帝圣驾，时任两江总督的尹继善重新修饰了荒芜多年的赵氏故地，使其初复旧观。乾隆皇帝第一次来到寒山就被这里的风景所吸引，立刻赋长诗赞道：

支硎一带连寒山，山下出泉为寒泉。
淙淙幽幽赴幽壑，跳珠溅玉多来源。
土人区分称各别，岂能一一征名诠。
兰椒策马寻幽胜，山水与我果有缘。
就中宧光好事者，引泉千尺注之渊。
泉飞千尺雪千尺，小篆三字铭云峦。
名山子孙真不绝，安在舍宅资福田。
槃陀坐对清万虑，得未曾有诗亦然。
雪香在梅色在水，其声乃在虚无间。

南巡回銮的路上又再次驻跸苏州，第二次游览了千尺雪。但第一次乾隆皇帝只是游览了当年赵宧光寒山别业的西部景区千尺雪，位于东部的寒山别墅他并没有造访。直到第二次南巡时才真正驾临东部的寒山别墅，第一次全景式地游览了寒山别业的全部内容。乾隆分别在乾隆十六年（1751）、二十二年（1757）、二十七年（1762）、三十年（1765）、四十五年（1780）、四十九年（1784），共六次巡游寒山，寒山也是乾隆南巡唯一一处六次必到的景点（狮子林也只有五次，第一次南巡未去），可见乾隆对寒山别业的喜爱。乾隆第六次南巡时，已是七十三岁高龄，他在寒山巡游，却依然脚力劲健，兴味盎然，几乎达到了废寝忘食的地步。乾隆二十二年（1757）乾隆皇帝第二次南巡回銮后，就以寒山别业、千尺雪为蓝本对紫碧山房进行了大规模的改扩建工程，于乾隆二十五年（1760）基本完工。乾隆在二十六年的《紫碧山房题句》中有“山房卜筑已多年，云构恒瞻圣藻悬。卓尔仰怀仁者乐，佳哉常契画中禅。赵家粉本饶仙趣，陶氏清辞无俗缘。最爱夕阳西下际，鹤林高致会当前”的赞叹。紫碧山房遗址至今还传有“寒山”的俗称。

《清高宗南巡名胜图》之寒山《千尺雪图》

寒山别墅图

（12）四宜书屋与海宁安澜园

圆明园安澜园位于福海西北部，雍正九年（1731）基本建成，初名“春宇舒和”，乾隆九年（1744）更名为“四宜书屋”，成为圆明园四十景之一。乾隆二十年（1755）春宇舒和夏馆含清楼失火焚毁。乾隆二十七年（1762）仿照浙江海宁安澜园重建，乾隆二十九年（1764）定名“安澜园”。

安澜园遗址

安澜园位于浙江海宁盐官镇西北隅，本为南宋安化郡王王亢的故园。明神宗万历年间（1573—1619）为右堂寺少卿陈与郊（号隅阳）重建，取名隅园。清康熙二十四年（1685）后，传与本族曾孙清朝文渊阁大学士陈元龙，更号“遂初园”。陈元龙殁后，为其子翰林院编修陈邦直所得。期间扩建园广至百亩，“制崇简古”，园内有三十余景。因其为陈氏别墅，当地俗称为“陈园”。清人沈复在《浮生六记》中评道：“游陈氏安澜园，占地百亩，重楼复阁，夹道回廊，池甚广，桥作六曲形，石满藤萝凿痕全掩，古木千章，皆有参天之势，鸟啼花落如入深山。此人工而归于天然者，余所历平地之假石园亭，此为第一。”

乾隆二十七年（1762），乾隆皇帝第三次南巡来到盐官巡阅海塘，首次驻跸钱塘江畔的陈氏花园，一下子被这座花园的独特环境所吸引，皇帝“喜其结构致佳”，御赐园名“安澜园”。所谓“安澜”即“安水”之意，乾隆希望四海之内能够永享河清海晏，不再有任何水患。自从首次驻跸之后，第四、第五、第六次南巡路过盐官时均驻跸安澜园。乾隆四十九年（1784）最后一次驻跸时，乾隆皇帝写道：“一溪春水柔，溪阁向曾修。月镜悬檐角，古芸披案头。去来三日驻，新旧五言留。六度南巡止，他年梦寐游。”时年七十三岁的乾隆，尚写不尽依依之情。

安澜园（《南巡杭州名胜图》）

乾隆皇帝第三次南巡回京后，就命人在圆明园内仿建海宁陈氏花园，陆续建成四宜书屋、无边风月之阁、飞睇亭、绿帷舫、远秀山房、菲经馆、山影楼、烟月清真楼、染霞楼、采芳洲、引凉小楼、涵秋堂、挹香室和涵雅斋、得趣书屋、云涛亭等安澜园十景。圆明园对海宁陈氏安澜园的仿建从整体结构上几乎没有相似之处，甚至连安澜园十景中的“飞睇亭”都是按照杭州龙井龙泓亭意境加以仿建的。圆明园中仿建的安澜园从某种程度上讲，其实就是乾隆本人对陈氏安澜园的一种怀念之情。

附 乾隆皇帝御制《安澜园记》

安澜园者，壬午幸海宁，所赐陈氏隅园之名也。陈氏之园何以名御园？盖喜其结构致佳，图以归。园既成，爰数典而仍其名也。然则创欤？曰：非也。就四宜书屋左右前后略经位置，即与陈园曲折如一无二也。四宜书屋者，圆明园四十景之一，既图既咏，至于今已历二十年也。土木之工二十年斯弊，故就修葺之便，稍为更移，费不侈而一举两得也。彼以安澜赐额，则因近海塘，似与此无涉也。然帝王家天下，薄海之内均予户庭也。况予繾念塘工，旬有报而月有图，所谓鱼鳞土备、南坍北涨诸形势，无不欲悉。

安澜之愿实无时不廑于怀也。由其亭台则思至盐官者，以筹海塘而愿其澜之安也，不宁惟是，凡长江洪河，与夫南北之济运，清黄之交汇，何一非予宵旰切切关心者？亦胥愿其澜之安也。是则予之以安澜名是园者，固非游情泉石之为，而实蒿目桑麻之计，所谓在此不在彼也。

长春园仿江南诸园

（1）狮子林

位于长春园东北部，是一座园中园。占地1.5万平方米，建筑面积2100平方米。狮子林一景由东、西两部分组成。西部从芳榭一带于乾隆十二年（1747）就已基本建成，东部园林于乾隆三十七年（1772）仿照苏州狮子林修建。

苏州狮子林是元末明初江南著名的寺庙园林，始建于元至正二年（1342）。本是临济宗传人维则的弟子们为其师修建的庵舍。明清两代屡兴屡废，万历十七年（1589）重修。清乾隆初年，寺园分离，成为各自独立的两部分，园归黄氏。乾隆二十二年（1757）奉敕赐名“画禅寺”。乾隆皇帝六举南巡，对狮子林屡次游赏，并按照行宫格局对狮子林进行了大规模改建，乾隆时期曾有狮子峰、含晖峰、吐月峰、立雪堂、卧云室、问梅阁、指柏轩、玉鉴池、冰壶井、修竹谷、小飞虹、大石屋诸胜。乾隆南巡以后，狮子林确定了“前寺后园”的基本格局。

长春园狮子林虹桥遗址

乾隆三十年（1765），乾隆第四次南巡归来后对京城的皇家园林进行了新一轮长达十年的大规模添建，狮子林也是其中的重要工程之一。

乾隆三十七年（1772）九月，长春园狮子林基本建成，共十六景，这十六景分别是：狮子林、虹桥、假山、纳景堂、清閟阁、藤架、磴道、占峰亭、清淑斋、小香幢、探真书屋、延景楼、画舫、云林石室、横碧轩、水门。其总体格局分为东、西两部分，东部以三间二层阁楼延景楼为中心，四周模仿苏州狮子林意境布置大量太湖石。西部五间二层阁楼清閟阁为主体，阁前设一水湾，跨虹桥与“半岛”相连接，“半岛”之上为三间敞厅清淑斋。这样，苏州狮子林的“C字形水湾”布局被完全模仿在了长春园狮子林中，可以说对狮子林的仿建，长春园狮子林与苏州狮子林之间的相似程度是十分接近的。道光八年（1828）道光皇帝对狮子林景区进行了大规模的修缮，并将乾隆时期的十六景全部另题新名，但是狮子林的总体格局还是保留了乾隆时期的风貌。（摘自《乾隆年圆明园园中园仿建工程初探》一文）

长春园狮子林水关石刻

乾隆御用白玉狮纽“狮子林”宝玺与印面

此“狮子林”玺是三方一套纽玺中的一方，作为引首章使用（6.2厘米×3.7厘米×2.2厘米）。与之相配的另外两方压角章分别为“乾隆宸翰”玺和“云林清闷”玺，是专门为圆明园狮子林制作的。此套纽玺由苏州织造刻制完成后运回北京，然后由造办处配置罩盖匣盛放，并最终于乾隆三十七年十一月二日送到圆明园狮子林中陈设。此后除在乾隆御笔书法上偶尔钤盖外，这套纽玺一直存放在狮子林内。咸丰十年（1860）狮子林和圆明园一起被劫掠，这套纽玺也一起遗失，两方压角章至今下落不明。2007年香港佳士得春季拍卖会将此玺以456万元人民币拍出。

（2）如园与南京瞻园

如园，位于长春园宫门区东侧，是一处园中园。占地1.9万平方米，建筑面积2800平方米。乾隆三十二年（1767）已基本建成，仿自南京瞻园。

瞻园，位于南京旧城南，原为明初中山王徐达王府旧地，嘉靖年间徐达七世孙徐鹏举于府邸之西建西花园，是为瞻园之缘起。清朝初年，此园为江宁布政史司衙门所在地，乾隆皇帝第四次南巡首次游幸该园，并御赐园名“瞻园”。

长春园如园工程和狮子林一样，也开始于乾隆三十年（1765）乾隆皇帝第四次南巡回銮之后，施工中内府曾以“瞻园”之名直呼该园，直接表明了瞻园与如园之间南北仿建的承袭关系。乾隆三十二年（1767）如园基本建成，是长春园中占地面积最大的园中园。乾隆御制《如园》

考古挖掘中的如园芝兰室地基

诗云："南北临衢各筑垣，过来复道便如园。有泉有竹清幽致，曰室曰斋淳朴敦。境写中山遥古迹，石移西岭近云根。迩方小得心怀畅，景对南薰略可论。"并注曰："江宁藩司署中瞻园，即明中山王徐达西园之旧。是园规制略仿之。"

乾隆四十九年（1784）第六次南巡驻跸江宁，竟然距瞻园咫尺而不入，他在诗文中说道：

瞻园遗自中山久，昔至金陵曾一观。

取意如之较胜此，无须池馆重盘桓。

由此可见，长春园如园甚至已经超越了它的原型南京的瞻园！

嘉庆十六年（1811）曾大规模重修如园，并御制《重修如园记》，除新赏室外，所有的建筑都另拟他名，但总体格局还是按照“前如如园

鉴园（复原图）　张宝成　绘

之境，后如如园之规”的指导思想沿袭了乾隆时期的风格。嘉庆十七年（1812）御制《如园十景》。

（3）鉴园与扬州趣园

鉴园位于长春园东南，倚长春园东墙而建，西南与如园隔桥相接。占地6000平方米，建筑面积1900平方米。仿扬州趣园而建，乾隆三十二年（1767）基本建成。

北宋欧阳修官扬州太守时于大明寺西侧主持修筑了平山堂，同时常游瘦西湖，谓：“山色当与湖光齐飞，当在此筑桥修榭，使生辉也。”到了清代，此处成了黄履暹的别业，已经筑起几道彩虹。乾隆年间，扬州盐商巨富为了恭迎乾隆皇帝南巡，又在莲花埂上建起五亭桥，构成了“水云胜概”和“四桥烟雨”两大胜景。乾隆二十七年（1762）乾隆帝南巡扬州，畅游瘦西湖，赐名“趣园”，并题有诗句“何日涉原成趣，洽云开亦觉欣”。可见桥景之胜，桥趣之浓。“四桥”是指虹桥、长春桥、春波桥和五亭桥（莲花桥），它们都是石拱桥，但造型各异，风格不同，参差错落，别有情趣。整个趣园倚靠在瘦西湖的东岸，东部以临水楼阁为主体，西部借景于四桥、白塔等瘦西湖著名景观。

鉴园工程和狮子林、如园一样，也开始于乾隆三十年（1765）乾隆皇帝第四次南巡回銮之后，乾隆三十二年（1767）建成。其主体建筑沿南北向分布，北部为漱琼斋院落。漱琼斋歇山顶大殿五间，殿前有垂花门与院落南部的水池相隔，水池呈半圆形，池前布置太湖石假山。出院落南为师善堂，殿前置一敞轩，轩南为芳晖楼，楼南有船坞一座，是长春园仅有的一座船坞，主要用于停泊帝后御用大型画舫。过船坞有活动板桥与如园相连。

鉴园水池遗址

鉴园选址在长春园东南端，长湖的东岸，在与水面的位置关系上与瘦西湖趣园极为相似，都是位于一条曲尺形湖面的东侧，靠近水面的转角处。鉴园与如园一起南北呼应，活画出扬州瘦西湖四桥烟雨一带的景观神韵。乾隆御制《鉴园》诗句云："如园至鉴园，盖弗劳数武。因各据殊胜，异名称其所。是处水周遭，楼台镜中睹。"

（4）思永斋与杭州"小有天园"

思永斋，位于含经堂西侧偏南环岛上，乾隆二十三年（1758）仿杭州西湖汪氏园，在思永斋东侧别院建成"小有天园"。

思永斋（复原图） 张宝成 绘

小有天园在杭州西湖南屏山，旧名“壑庵”，为汪之萼别业，曾以石著称。乾隆年间的壑庵前为临水码头，后辟山为园，曾有南山亭、幽居洞、欢喜岩、琴台等建筑景观，其崖壁上有司马光题《家人卦》墨迹。乾隆十六年（1751），乾隆皇帝南巡杭州，赐名“小有天园”。乾隆二十二年（1757），他再次南巡，又来到此地，更是欣赏备至，乾隆《再游小有天园》诗云：“不入最深处，安知小有天。船从圣湖泊，迳自秘林穿。万卉轩春节，千峰低霁烟。……”并令随行画师摹绘成图。回京后，选中“思永斋东林屋一区，室则十笏，窗乃半之，窗之外隙地方广亦十笏”，命匠氏叠石成峰，范锡为宇，激水作瀑，俨然窗中小有天园也。

小有天园是全园写仿江南私家园林中建筑体量最小的一处。在思永斋殿东边曲廊东南之小院西南角，有小楼三间坐北朝南，额题“林屋”。林屋室内是意大利画家郎世宁在乾隆二十三年（1758）七月，遵旨按照汇芳书院眉月轩内的西洋景壁画而绘制的巨幅通景画。透过室内一面大玻璃窗，可以看到各种叠石，这就是乾隆题《小有天园》诗句云："叠石肖慧峰，范锡写壑庵。分明虚窗北，宛似圣湖南。缩远以近取，收大于小含。……"另外在小有天园还有"水法窗景"，就是由水源、水箱等相应的排水系统组成的利用水压实现人工瀑布的机械装置，这些装置一般会安置在特定的隐蔽空间内。长春园小有天园的仿建工程与杭州壑庵并无多大相似之处，单是南北间园林的体量就不能相提并论。再者，小有天园位于思永斋岛上，前后环境与杭州壑庵毫无对景可言。不过长春园"小有天园"内的西洋景还是很有特点，可以说与其他仿建的南方园林有很大区别。乾隆在思永斋东仿建的这座"小有天园"，其实表达更多的是一种对杭州壑庵的怀念。

附 圆明三园仿建工程对照简表

序号	皇家园林	建筑（风景）名称	模仿"原型"建筑（风景）
1	圆明园	平湖秋月	（杭州）平湖秋月
2	圆明园	三潭印月	（杭州）三潭印月
3	圆明园	雷峰夕照	（杭州）雷峰夕照
4	圆明园	曲院风荷	（杭州）曲院风荷
5	圆明园	南屏晚钟	（杭州）南屏晚钟
6	圆明园	花港观鱼	（杭州）花港观鱼
7	圆明园	两峰插云	（杭州）双峰插云
8	圆明园	断桥残雪	（杭州）断桥残雪
9	圆明园	柳浪闻莺	（杭州）柳浪闻莺
10	圆明园	苏堤春晓	（杭州）苏堤春晓
11	圆明园	紫碧山房	（苏州）寒山别业千尺雪
12	圆明园	安澜园	（海宁盐官）安澜园
13	圆明园	舍卫城	（印度）憍萨罗国舍卫城
14	圆明园	文源阁	（宁波）天一阁
15	圆明园	兰亭	（绍兴）兰亭
16	圆明园	西峰秀色小匡庐	（九江）庐山瀑布

续表

序号	皇家园林	建筑（风景）名称	模仿“原型”建筑（风景）
17	圆明园	安澜园（飞睇亭）	（杭州）龙井龙泓亭
18	圆明园	曲院风荷洛迦胜境	（定海）普陀山
19	圆明园	澡身浴德抱扑草堂	（承德）狮子园
20	圆明园	廓然大公	（天津）盘山、（无锡）寄畅园
21	长春园	西洋楼建筑群	欧洲巴洛克、洛可可艺术风格建筑
22	长春园	狮子林	（苏州）狮子林
23	长春园	鉴园	（扬州）趣园
24	长春园	如园	（南京）瞻园
25	长春园	小有天园	（杭州）小有天园（壑庵）
26	长春园	茜园	（瓜洲）锦春园
27	长春园	芥舟亭	（扬州）芥舟园
28	长春园	法慧寺	（苏州）天平山庄
29	长春园	烟雨楼	（嘉兴）烟雨楼

《四库全书》与圆明园

《四库全书》与文源阁

文源阁，位于水木明瑟一景之北。占地1.6万平方米，建筑面积700平方米。此地原是一座四方重檐大亭，雍正六年（1728）郎世宁奉旨为该亭内四面八字板墙隔断绘西洋画八幅。雍正九年御书“四达亭”。乾隆四十年（1775），仿浙江宁波天一阁改建成藏书楼文源阁。文源阁外观为两层楼，室内西梢间为楼梯，余皆分三层按架陈书。

文源阁（复原图） 张宝成 绘

文源阁上下各层面阔均为六间，仿天一阁，取“地六成之”之义。其外檐装修，也都含“六”字。除西尽间外，其余各间的隔扇、槛窗、横披窗都是六扇；由于各间的开间不同，各间隔扇、槛窗的宽窄也各异，谓可防火。文源阁从油饰彩画到屋顶墙体均以寒色为主基调，创造出一处凉爽、幽雅、沉静的环境，且体现了江南私家园林的情趣。在天花、额枋等构件上绘制河马、金莲水草之类的水生动植物图案，除了装饰作用，主要目的是希望通过这种“水”的象征物来避免火灾，取“厌胜”之意。

在文源阁东侧，立有一座碑亭。亭内耸立的石碑，高5.5米，宽1.38米。碑座宽2.54米，厚1.2米，高1.24米，四面镌刻压地隐起的夔龙纹，古雅别致。

《文源阁记》碑（现存于北海南门西侧的国家图书馆古籍馆）

碑上镌刻乾隆三十九年（1774）乾隆御笔《文源阁记》，铭曰："藏书之家颇多，而必以浙之范氏天一阁为巨擘。因辑《四库全书》，命取其阁式以构度（guǐ）贮之所。既图以来，乃知其阁建自嘉靖末，至于今二百二十余年，虽时修葺而未曾改移。阁之间数及梁柱宽长尺寸皆有精义，盖取天一生水，地六成之之意。于是就御园中隙地，一仿其制为之，名曰文源阁，而为之记曰：文之时义大矣哉，以经世，以载道，以立言，以牖民。自开辟以至于今，所谓天之未丧斯文也。以水喻之，则经者文之源也，史者文之流也，子者文之支也，集者文之派也。派也，支也，流也，皆自源而分，集也，子也，史也，皆自经而出。故吾于贮四库之书，首重者经，而以水喻文，愿溯其源，且数典天一之阁，亦庶几不大相径庭也夫。"

文源阁碑

1860年，文源阁被英法联军焚毁后，文源阁碑一直留在遗址上，这张照片就是20世纪20年代在文源阁遗址上拍摄的

乾隆三十七年（1772）十一月，安徽学政朱筠提出《永乐大典》的辑佚问题，得到乾隆皇帝的认可，接着便诏令将所辑佚书与"各省所采

及武英殿所有官刻诸书”，汇编在一起，名曰《四库全书》。这样，《永乐大典》的辑佚便引出了编纂《四库全书》的浩大工程，成为编纂《四库全书》的直接原因。

《四库全书》征书工作从乾隆三十七年（1772）开始，至乾隆四十三年（1778）结束，历时七年之久。先后选拔了3826人担任抄写工作，保证了抄写《四库全书》的需要。为了保证进度，还规定了抄写定额：每人每天抄写1000字，每年抄写33万字，5年限抄180万字。5年期满，抄写200万字者，列为一等；抄写165万字者，列为二等。按照等级，分别授予州同、州判、县丞、主簿等四项官职。发现字体不工整者，记过一次，罚多写1万字。由于措施得力，赏罚分明，所以《四库全书》的抄写工作进展顺利，每天都有600人从事抄写工作，至少可抄60余万字。

《四库全书》共七万九千三百多卷，装订成三万六千册，分装六千七百五十函，全部用朱丝栏白榜纸抄写，丝绢做书皮。经部书用褐色绢；史部书用红色绢；子部书用黄色绢；集部书用灰色绢。书成后，共缮写四份，于皇宫文渊阁、圆明园文源阁、承德避暑山庄文津阁、沈阳故宫文溯阁各藏一部，俗称“内廷四阁”。后来浙江杭州文澜阁，江苏扬州文汇阁、金山文宗阁分缮三部庋藏，俗称“外三阁”。七份抄本以藏于文渊、文源、文津三阁中者缮写最精，校对最细，因为是藏在乾隆皇帝经常去翻阅浏览的地方，编纂校对各官不敢稍事疏忽。文源阁还收贮有康熙《古今图书集成》一部，一万卷。

《四库全书》全书共4部44类66属：

经部收录儒家“十三经”及相关著作，包括易类、书类、诗类、礼类、春秋类、孝经类、“五经”总义类、

“四书”类、乐类、小学类等10个大类，其中礼类又分周礼、仪礼、礼记、三礼总义、通礼、杂礼书6属，小学类又分训诂、字书、韵书3属；

史部收录史书，包括正史类、编年类、纪事本末类、杂史类、别史类、诏令奏议类、传记类、史钞类、载记类、时令类、地理类、职官类、政书类、目录类、史评类等15个大类，其中诏令奏议类又分诏令、奏议2属，传记类又分圣贤、名人、总录、杂录、别录5属，地理类又分宫殿疏、总志、都会郡县、河渠、边防、山川、古迹、杂记、游记、外记10属，职官类又分官制、官箴2属，政书类又分通制、典礼、邦计、军政、法令、考工6属，目录类又分经籍、金石2属；

子部收录诸子百家著作和类书，包括儒家类、兵家类、法家类、农家类、医家类、天文算法类、术数类、艺术类、谱录类、杂家类、类书类、小说家类、释家类、道家类等14大类，其中天文算法类又分推步、算书2属，术数类又分数学、占候、相宅相墓、占卜、命书相书、阴阳五行、杂技术7属，艺术类又分书画、琴谱、篆刻、杂技4属，谱录类又分器物、食谱、草木鸟兽虫鱼3属，杂家类又分杂学、杂考、杂说、杂品、杂纂、杂编6属，小说家类又分杂事、异闻、琐语3属；

集部收录诗文词总集和专集等，包括楚辞、别集、总集、诗文评、词曲等5个大类，其中词曲类又分词集、词选、词话、词谱词韵、南北曲5属。除了章回小说、戏剧著作之外，以上门类基本上包括了社会上流布的各种图书。就著者而言，包括妇女、僧人、道家、宦官、军人、帝王、外国人等在内的各类人物的著作。

四库全书的主要编纂人员有：

纪昀（1724—1804），字晓岚，河北献县人，著名学者。他朝夕筹划，校勘鉴别，进退百家，钩沉摘隐，与陆锡熊一起完成了《四库全书》总目的总纂，成为我国学术考证、典籍评论及版本考核、文献钩稽的集大成之作。纪昀亦是著名藏书家，藏书之处称“阅微草堂”，其藏书呈献四库全书馆后，收入者达105种，1868卷，入存目41种。著有《阅微草堂笔记》等。

戴震（1724—1777），字东原，安徽休宁人。学问渊博，识断精审，思想邃密，是乾隆朝最著名的思想家，汉学代表人物。因博闻广识而破例允许他以举人身份供职于四库馆，担任《四库全书》的辑校工作。《四库全书》的主要纂修官。

陆锡熊（1734—1792），字健男，耳山，上海人。《四库全书》总纂官，卓有成效，受恩赏尤多。乾隆五十二年（1787），清廷发现《四库全书》中有诋毁朝廷字句的书籍，乾隆帝大怒，令陆锡熊和纪昀负责重新修正，并由他两人分摊费用。时值隆冬，陆锡熊患病，终因心力交瘁，死于重校文溯阁《四库全书》的任上。可见朝野对《四库全书》之重视与严谨。

永瑢（1743—1790），乾隆帝第六子，号九思主人。纯惠皇贵妃苏氏所生。乾隆二十四年（1759）奉旨过继为慎靖郡王允禧之嗣后，封贝勒。乾隆三十七年（1772）十月封质郡王，乾隆三十八年（1773）九月充四库全书馆总裁，乾隆五十四年（1789）十一月晋封质亲王，乾隆五十五年（1790）五月初一日薨，享年四十八岁，谥曰庄。永瑢喜作诗文书画，著有《九思斋诗钞》。《四库全书》馆正式成立后，乾隆帝为了表示对该项文化工程的重视，同时也为了加强对编纂工作的监控，命永瑢与永璇、永瑆，大学士兼军机大臣刘统勋、于敏中为最高执行官即总裁，负责总理馆内一切事宜。

《钦定四库全书》

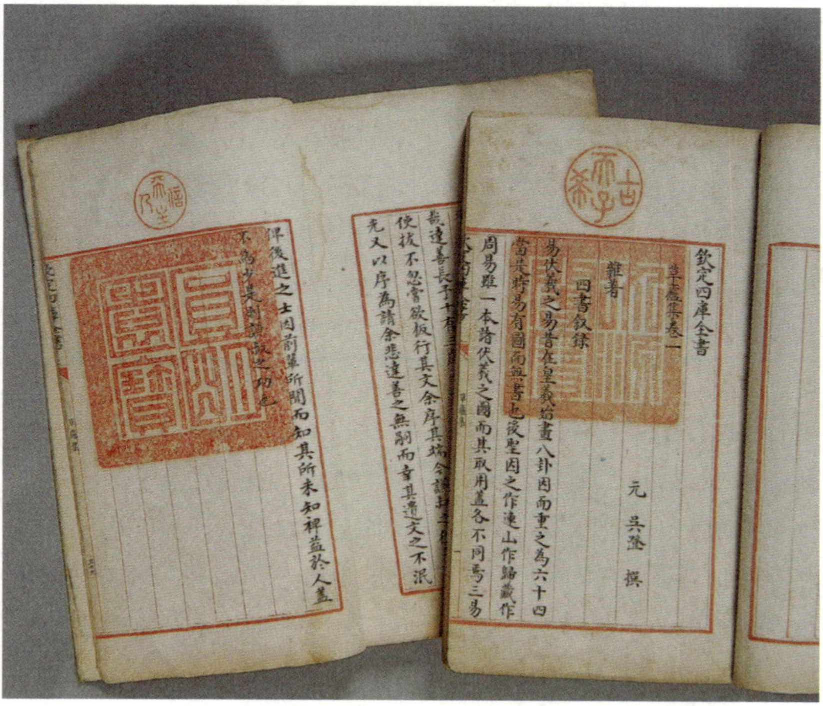

文源阁版《四库全书》散本（现藏于日本东洋文库）

文源阁遗址现状

长春园味腴书屋与《四库全书荟要》

霞翥楼位于含经堂内，建于乾隆十二年（1747）。与西面的梵香楼东西对称，外檐悬挂乾隆御笔“霞翥楼”匾，内额为“味腴书屋”。

《四库全书》编纂之初，征书纷至沓来，卷帙浩繁，不便浏览，已经六十三岁的乾隆皇帝希望在有生之年，能看到一部重要而必备的图书，所以在开馆之初，命于敏中、王际华等人从应抄诸书中，撷其精华，以较快速度编纂一部《四库全书荟要》。乾隆四十三年（1778），第一部《四库全书荟要》完成，藏于故宫御花园的“摛藻堂”。次年，又誊缮一部，藏于长春园含经堂的“味腴书屋”，以备乾隆随时阅鉴。《四库全书荟要》从编纂上宗旨就与《四库全书》不同，《四库全书》面向世人，而《荟要》仅供皇帝御览，从未流向过民间。《四库全书荟要》所收书籍的种类只有《四库全书》的七分之一，而册数是《四库全书》的三分之一，可谓“全书中的全书，精品中的精品”。

《四库全书荟要》共463种，20828卷，11178册，下设若干子目。其中，经部173种，3576卷；史部70种，6535卷；子部81种，2866卷；集部139种，7851卷。《四库全书荟要》成书后，乾隆欣喜若狂，题诗一首：“全书收四库，荟要粹其精。事自己巳兆，工今戊戌成。于焉适枕柞，亦欲励尊行。设日资摛藻，犹非识重轻。”

圆明三园内的书画收藏

圆明园作为清朝五代皇帝驻跸的行宫，收藏着大量珍贵文物和历代书画作品。清代皇帝重视文治以及满汉文化的深入融合，国家政局的稳定和经济的繁荣。康雍两朝为乾隆时期文化艺术的繁荣奠定了基础。对清朝宫廷艺术而言，最高峰是雍正时期，乾隆在文化艺术上更多的是继承、守成。乾隆时期，汉化已经非常深了，皇族贵胄每个人都是从五岁左右开始接受满汉两种文化的教育。乾隆还是宝亲王的时候就已经开始爱好收藏了。他早在十几岁时就已经开始书画学习、创作，他个人的喜好，是其收藏大量书画作品的直接诱因和精神基础。

从顺治到乾隆，历朝清帝对书画艺术的兴趣和身体力行，康雍乾三朝书画逐渐从私家收藏转到内府收藏的局面。官员奉献、出资购买、抄家罚没以及承接明代宫廷留下来的收藏，使乾隆时期的宫廷书画收藏达到了鼎盛。这些收藏其中有很大一部分曾经被收藏在圆明园内。

淳化轩收藏

淳化轩，是长春园含经堂后面的一座大型寝宫，增建于乾隆三十五年（1770），外檐悬挂乾隆御书“淳化轩”，内额为“奉三无私”匾。淳化轩是乾隆特意在圆明园为他日后归政修的一处大型寝宫，与稍后在故宫建成的宁寿宫花园相呼应。乾隆四十八年（1783）《新正乐寿堂》诗注曰：“长春园之淳化轩先已落成，原为归政后园庭憩息之所。兹宁寿宫之乐寿堂乃仿其规制为之。”乾隆六十年

淳化轩

（1795）《洪范九五福之五曰考终命联句》及御制《题淳化轩》诗亦注曰：长春园内淳化轩、含经堂等处亦犹大内之宁寿宫，皆豫为归政后娱老之所也。

淳化轩前，东西回廊的前檐槛窗镶嵌乾隆《钦定重刻淳化阁帖》石刻，左右廊各12间，每间嵌石帖版6页。版是在故宫懋勤殿直庐镌刻，自乾隆三十四年（1769）二月，历时三年有余，至乾隆三十七年（1772）四月才全帖刻竣。帖版石幅为90厘米×33厘米，厚11厘米，以楠木镶边。

《钦定重刻淳化阁帖》石刻（现存圆明园展览馆内）

《淳化阁帖》是北宋淳化三年（992），按照宋太宗赵光义的旨意，精选当时内府所藏唐代以前书法名迹，摹刻在秘阁之中的一部著名法帖。该帖共分10卷，包括书圣王羲之、王献之父子，及晋武帝、唐太宗、虞世南、欧阳询、褚遂良、柳公权等99人的墨迹，是我国历史上第一部大型丛帖，被誉为“诸帖之祖”。乾隆皇帝酷爱书法，他曾降旨在北海阅古楼和万寿山墨妙轩，先后摹刻了《三希堂法帖》及其续帖。但这两部法帖仅收魏晋以来的墨迹，乾隆并不满足。后经悉心搜拣，终于喜得《淳化阁帖》的初拓赐本，是赵光义在淳化四年（993）四月赐给翰苑学士毕士安的一部初拓帖。该帖“篇帙完整，墨沈如新”，又有北宋元祐宰相苏颂的题跋，确属真品，乾隆珍惜如宝，并立即降旨，由大学士于敏中等对原帖的“排署标题”及“世次姓名”进行精审更定，选工钩摹上石，并让在含经堂后面增建文轩，以贮摹帖。由于事起藏帖，所以就用帖名命为轩名，这就是“淳化轩”得名的来由。

《淳化阁帖》刻石拓片

在乾隆三十七年（1772）十二月之后的一年间，即在故宫和各苑囿处陆续收贮《重刻淳化阁帖》62部，计故宫9部，西苑三海6部，圆明园18部，南苑、清漪园、盘山各3部，静宜园、静明园各2部，承德避暑山庄16部。圆明园安放重刻《淳化阁帖》的地方共11处，即圆明园保合太和殿、同乐园、安澜园、蓬岛瑶台、天宇空明、芰荷香，长春园含经堂、狮子林、如园、泽兰堂和思永斋。

淳化轩是圆明三园收藏书画作品最为丰富的一处，这些书画作品都被收录到乾隆五十八年（1793）编纂的《石渠宝笈续编·淳化轩》中。这些书画作品全都盖有“淳化轩”和“淳化轩图书珍秘宝”印玺。如美国大都会博物馆收藏的元钱选《归去来辞图》、上海博物馆收藏的元钱选《浮玉山居图卷》、故宫博物院藏的元王蒙《夏日山居图》、湖南省博物馆藏的明仇英《枫溪垂钓图》。不过可惜的是，淳化轩收藏的书画作品大多在咸丰十年（1860）的劫难中遗失，一部分书画作品近年来曾出现在世界各大拍卖行。

《归去来辞图》卷（现藏于美国大都会艺术博物馆）

《浮玉山居图卷》（现藏于上海博物馆）

《葛洪山八景》册页，（1761年）董邦达　作

乾隆题：饮水遥知方折源，佳哉山色罨巡辕。侍臣信有传真笔，却合吾心向所存。辛巳长夏御题。

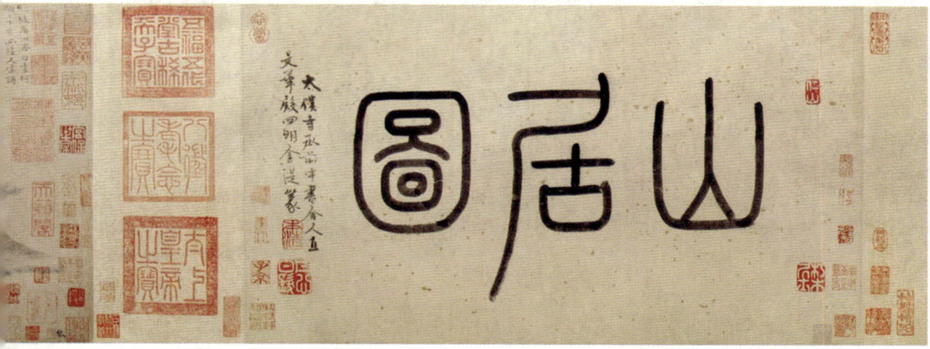

画禅室（池上居）收藏

画禅室（池上居）位于九州清晏，乾隆帝“每于夏月间憩此”，乾隆先后咏诗30余篇，嘉庆帝亦先后咏诗17篇。此景也是皇帝临幸御园时收贮明代书画家董其昌所品题《名画大观》及宋元明真迹之处，因董其昌旧有“画禅室”，乾隆即借其名为此室别额。乾隆十四年（1749），乾隆将董其昌品评之《名画大观》及虞世南临兰亭帖等真迹，贮藏于此。乾隆四十八年（1783）《初夏池上居》诗注曰：“凭窗近可俯澄波，池上居佳绝胜地。有暇便看古书画（注：室内别额曰画禅，宫中画禅室所弆）。董其昌名画大观册及黄公望《山居图》、米友仁《潇湘图》、李唐《江山小景》、宋元明真迹册，又予新集唐、五代、宋、元王维、周昉等画帧，凡幸圆明园，则携来以贮此室。”据《石渠宝笈》卷42，九州清晏画禅室（池上居）收藏唐宋元作品共4幅。

乾隆皇帝在圆明园九州清晏池上居

长春园狮子林

长春园狮子林收藏有乾隆御笔《题御园仿构狮子林前后八景》诗、《再题狮子林十六景》诗和《御临倪瓒狮子林图》三卷绢丝字画手卷，手卷皆用银片做字，分盛于紫檀木雕龙匣里。狮子林清闷阁以倪云林书阁名命名，以收贮倪云林画品为著，倪云林即倪瓒，与黄公望、王蒙、吴镇并称为“元季四家”。清乾隆时期，倪画真品已较为少见，乾隆仍精选倪画6种置于此阁，该阁还贮有一幅明代杜琼所摹倪云林《狮子林图》。

另外根据《石渠宝笈》卷43记载，圆明园九州清晏别室“长春书屋”和长春仙馆“随安室”均收藏有大量书画作品。

乾隆皇帝穿汉服在狮子林清闷阁内（局部）

《圆明园四十景图咏》

《圆明园四十景图咏》，是根据乾隆皇帝的旨意，在乾隆九年（1744）前后，由宫廷画师沈源、唐岱绘制而成的40幅分景图。直至乾隆十一年（1746）四月，才最终裱成呈进，在十二年（1747）六月，奉旨正式安设于圆明园奉三无私殿呈览。前后历时十一载有余，足见其成图之不易。四十景即：正大光明、勤政亲贤、九州清晏、镂月开云、天然图画、碧桐书院、慈云普护、上下天光、杏花春馆、坦坦荡荡、茹古涵今、长春仙馆、万方安和、武陵春色、山高水长、月地云居、鸿慈永祜、汇芳书院、日天琳宇、澹泊宁静、映水兰香、水木明瑟、濂溪乐处、多稼如云、鱼跃鸢飞、北远山村、西峰秀色、四宜书屋、方壶胜境、澡身浴德、平湖秋月、蓬岛瑶台、接秀山房、别有洞天、夹镜鸣琴、涵虚朗鉴、廓然大公、坐石临流、曲院风荷、洞天深处。盛期的圆明园，除这四十景之外，后来还增建了近十处园林风景群，长春园、绮春园也分别修建了二三十处风景群。三园共计约为百处景群，但昔日分景绘图者仅此四十景而已。《圆明园四十景图咏》彩绘本，是由著名宫廷画师经实地描绘而后工笔精制而成，建筑、泉石等景观皆为写实风格。各幅分别附有工部尚书汪由敦所书的乾隆《四十景对题诗》，字体一律为大臣奏章所用的宫廷馆阁体。

如此珍贵的《圆明园四十景图咏》在咸丰十年（1860）被法国人杜潘上校掠走，他回到法国后于1862年3月1日将其公开拍卖，在当时拍品目录上编为329号，配有大汉学家斯塔尼斯拉斯·于连（1797—1873，研究院研究员，法兰西学院教授）的说明："绢本绘画，系各宫殿实景，40页对幅，纸褙裱，各幅长八十厘米，宽七十四厘米。孤本，系保留已焚毁宫殿图像之仅存者。"《圆明园四十景图咏》的保留价被定为3万法郎，但叫价没有超过1万法郎，拍品被收回。5月2日再次拍卖，仍然没有达到预期价格。不过还是以4000法郎的价格卖给了一位巴黎的书商。几天以后，帝国图书馆（今法国国家图书馆）版画部主任获准以4200法郎的价格购得，这件孤品文物就这样进入了帝国图书馆，编号为2500号。这也是版画部当年最昂贵的入藏品。

20世纪20年代后期，安徽人程演生先生漫游欧陆时，在法国巴黎国家图书馆的藏品中，偶然见到了这套《圆明园四十景图咏》，不禁"叹为国工胜迹"，且因该图"在我国建筑外交上皆具有很大之痛史，尤非寻常书画名迹可比"，经他多方活动，终于请得馆方许可，由程先生"用摄影术全部传实而归"。后由中华书局用玻璃印刷成《圆明园四十叶》，于1928年公开向全国发行。当时印刷的这套图册，既有图也有诗，保持了原图40对幅的原貌。虽然图幅大为缩小，而且是黑白色的，但中国人却是借助这40幅图，才又重新"结识"圆明园，真是可悲。

如今我们所见到的《圆明园四十景图咏》彩色图片大部分是据1983年

法国学者赠给中方的乾隆原图底版印制的。也有部分学者自费到位于巴黎的法国国家图书馆翻拍。

盗走《圆明园四十景图咏》的法国人杜潘上校

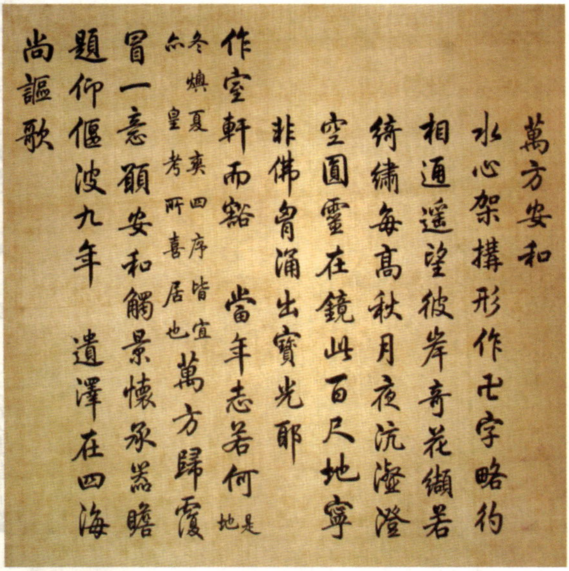

《圆明园四十景图咏》之“万方安和咏”（图见P15）

多稼轩收藏的《耕织图》

《耕织图》是南宋绍兴年间画家楼璹（shú）所作，作品得到了历代帝王的推崇和嘉许。天子三推，皇后亲蚕，男耕女织，这是中国古代很美丽的小农经济图景。南宋时的楼璹在任於潜令时，绘制《耕织图诗》45幅，包括耕图21幅、织图24幅。元代时安徽休宁人程棨根据楼氏家族收藏的副本临摹，流传于世。元代程摹南宋楼璹所绘《耕织图》，分为耕作、蚕织两部分，图为纸本卷轴，耕图21幅，卷幅为32.6厘米×1034厘米；织图24幅，卷幅31.9厘米×1249.3厘米；各附五言诗一首，共45图，均以水墨设色，极为精美。清乾隆年间，乾隆皇帝将程棨摹本置于盒内，收藏在圆明园淡泊宁静多稼轩大殿内，同时命画院临摹刻石，每图并加题诗一首，至乾隆三十四年（1769）刻成，所刻之石刻则贮于清漪园（今颐和园）延赏斋前边的左右回廊中。1860年，英法联军攻入北京，烧毁圆明园时，《耕织图》被掠去，现藏于美国华盛顿弗利尔美术馆。刻石在这次浩劫中部分被毁，余石于民国初年被徐世昌收藏，镶嵌于花园墙壁，至1960年，留存的刻石才归中国历史博物馆收藏。现存共23方，其中耕图13方、织图7方，另有3方未能辨识。

苏东坡的《寒食帖》

《寒食帖》又名《黄州寒食诗帖》或《黄州寒食帖》，是苏轼撰诗并书，墨迹素笺本，横34.2厘米，纵18.9厘米，行书十七行，129字，原藏圆明园，现藏台北“故宫博物院”。

《寒食帖》是苏轼被贬黄州第三年（1082）的寒食节，于东坡雪堂写成，是平生最得意的作品之一，被称为“苏书第一”，书法家鲜于枢誉之为继《兰亭序》《祭侄文稿》之后的“天下第三行书”。清代将《寒食帖》收回内府，并列入《三希堂帖》。乾隆十三年（1748）四月初八日，乾隆帝亲自题跋于帖后：“东坡书豪宕秀逸，为颜、杨后一人。此卷乃谪黄州日所书，后有山谷跋，倾倒至极，所谓无意于佳乃佳……”为彰往事，又特书“雪堂余韵”四字于卷首。

咸丰十年（1860）英法联军火烧圆明园，《寒食帖》险遭焚毁，旋即流落民间，为广东人冯展云收藏。后不幸遭遇火灾，冯氏紧急扑救，在手卷下端留下了黑色火灼痕迹。冯死后为盛伯羲密藏，盛死后被完颜朴孙购得，曾于1917年在北京书画展览会上展出过，受到书画收藏界的密切关注。1918年转传到颜韵伯手中。当年12月19日为苏轼生日，颜韵伯作跋记录此事本末。1922年，颜韵伯游览日本东京时，将《寒食帖》高价出售给日本收藏家菊池惺堂。1923年9月，日本东京大地震，菊池家遭灾，所藏古代名人字画几乎被毁一空。当时，菊池惺堂冒着生命危险，从烈火中将《寒食帖》抢救出来，一时传为佳话。震灾之后，菊池惺堂将《寒食帖》寄藏于友人内藤虎斋中半年有余。1924年4月，内藤虎应菊池惺堂之请，作跋以记《寒食帖》从中国辗转递藏至日本之大概情形。第二次世界大战期间东京屡遭美国空军轰炸，《寒食帖》幸而无恙。《寒食帖》流失海外一直使华夏子孙耿耿于怀。第二次世界大战刚一结束，国民政府外交部长王世杰私嘱友人在日本访觅《寒食帖》，当知下落后，即以重金购回，并题跋于帖后，略述其流失日本以及从日本回归中国的大致过程，千年国宝赖王世杰先生之力回归祖国，至今仍珍藏在台北“故宫博物院”。

1959年王世杰写下了目前最后的一个题记：

东坡先生此帖，曾罹咸丰八年，英法联军焚毁圆明园之厄。尔后，流入日本，复遇东京空前震火之劫。详见卷后颜世清、内藤虎两跋。二次世界战争期间，东京都区，大半为我盟邦空军所毁，此帖依然无恙。战事甫结，予嘱友人踪迹得之，乃购回中土，并记于此。后之人，当必益加珍护也。

《寒食帖》内容：

自我来黄州已过三寒食
年年欲惜春春去不容惜
今年又苦雨两月秋萧瑟
卧闻海棠花泥污燕支雪

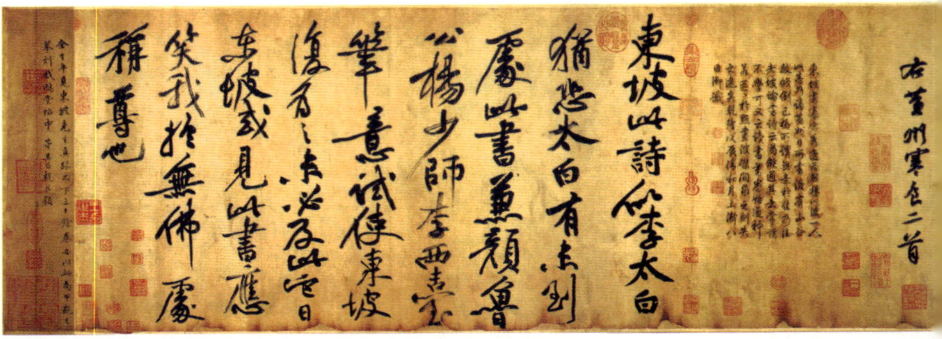

《寒食帖》卷（局部），苏轼（现藏于台北“故宫博物院”）

暗中偷负去夜半真有力
何殊病少年病起须已白
春江欲入户雨势来不已
小屋如渔舟濛濛水云里
空庖煮寒菜破灶烧湿苇
那知是寒食但见乌衔纸
君门深九重坟墓在万里
也拟哭途穷死灰吹不起
右黄州寒食二首

东坡此诗似李太白
犹恐太白有未到处
此书兼颜鲁公杨少师李西台笔意
试使东坡复为之未必及此
它日东坡或见此书
应笑我于无佛处称尊也

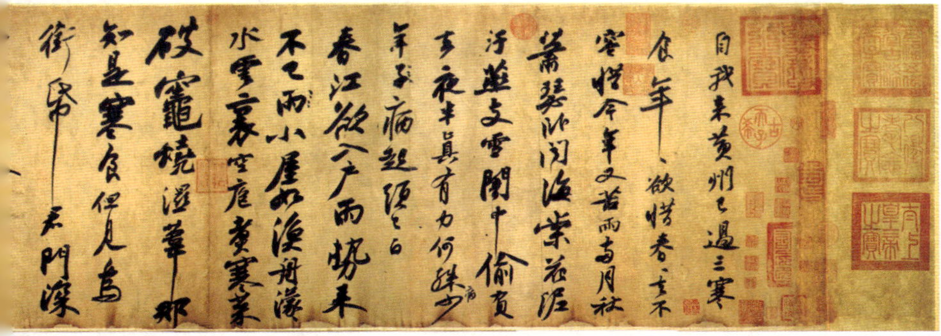

清晖阁与圆明园全图

清晖阁位于圆明园九州清晏景区西路原乐安和西侧，阁为面宽七间后接平台七间，悬乾隆御书“清晖阁”匾。乾隆诗注说此阁为康熙年建园时所造。轩宇高敞，是御园第一避暑地。清晖阁北壁悬挂一幅大型圆明园全景图，乾隆御题“大观”二字，并题联曰：“稽古重图书，义存无逸三宗训；勤民咨稼穑，事著豳风七月篇。”此图俗称“大观图”，为乾隆二年命画院郎世宁、唐岱、孙祜、沈源、张万（维）邦、丁观鹏绘制，图高2.56米，宽10.24米，于乾隆三年（1738）五月十一日绘裱完竣，是日贴于清晖阁。乾隆二十八年（1763）九州清晏火灾后，圆明园全图经如意馆换裱找补颜色后，仍挂阁里。道光十年（1830）前后清晖阁被拆除，圆明园全图移悬于正大光明殿西壁。这次不仅又作了换裱和补色，而且专门配做了一个“红木边柏木心”的巨型图框。此框分为18堂，通高一丈四尺（4.4米）、通宽三丈五尺二寸五分（11.2米），图心为高九尺三寸、宽三丈一尺四寸，壮观之极。据咸丰十年（1860）目睹过正大光明殿盛况的英国随军牧师麦卡吉、英军上校沃尔斯莱记述，正大光明殿入门左边（西）墙上部，“悬挂着一幅巨大而且详细精致的行宫内庭院的总图，几乎把那片墙壁全都遮盖住了”。

遗憾的是，圆明园全图在咸丰十年（1860）连同正大光明殿一起被英法联军焚毁！

乾隆在圆明园的茶舍

乾隆一生以作诗为乐，在其御制诗文中，有很多诗句都是反映茶事的。他还命宫廷画师为他绘制与茗事相关的绘画作品。乾隆品茗不仅讲究茶品，还注重空间及整体环境，外在包括“茶舍”的经营，内在则为器物的陈设、气氛的营造等。这些茶舍一般还兼有书房、画室和休憩的功能。圆明园建筑内的乾隆皇帝品茗处所，至少有三处，一处为圆明园九州清晏清晖阁；一处为清晖阁旁边的池上居；还有就是长春园的泽兰堂。

清晖阁

清晖阁与池上居皆位于九州清晏三大殿之西，是乾隆驻跸圆明园的日常起居之所。清晖阁院内苍松如盖，景致幽美，乾隆甚爱此处，亦曾命绘在此读书品茗的纪实画作。清晖阁作为乾隆消夏品茗之地，不会晚于乾隆八年（1743）。《乾隆御制诗文集》初集卷十三就有弘历于乾隆八年在此品茗的记载：“鼠尾麝煤梧几静，松涛蟹眼茗炉喧。如酥脉起初耕便，消得恩膏自御园。”乾隆十六年（1751）《活计文件》曾记载于九州清晏内设置茶器，“于本日员外郎白世秀将漆茶具二分内一分随家伙全、紫檀木茶具二分并紫檀木双圆茶盘、盅盖八分内一件商得银丝未完、画得茶具空内纸样五张计字画十二张、上少磁缸四件、盅盖上玉顶八件俱持进，交太监胡世杰安在九州清晏。呈览奉旨：将以商丝之茶盘不必交如意馆做，着外边雇商丝匠找做一分，其余七分俱拉道填金，画片交张宗苍、董邦达等分画，背后写字俱用旧宣纸，所少磁缸玉顶向刘沧州要，赶六月内俱各要得。钦此”。清晖阁原植九株乔松，乾隆帝“从幼看枝放”，视为同庚。

《乾隆松荫消夏图》（清）董邦达 乾隆九年（1744）作

图中绘圆明园九州清晏清晖阁，阁前围绕乔松九株。

乾隆二十八年（1763）端午日凌晨，九州清晏遭火灾，九松尽毁。两年后补植新松，至乾隆三十年（1765）建成“清晖阁四景”，即松云楼、露香斋、涵德书屋和茹古堂。此后，露香斋即成为乾隆在清晖阁内主要品茗处所。《乾隆御制诗文集》三集卷五十八“清晖阁四景——露香斋”：

> 过雨晴明露气瀼，收来不用结丝囊；
> 竹炉瓷碗原清秘，煮茗偏欣分外香。
> 雨足园林露气浓，叶芬花郁滴重重；
> 南方新贡芽茶到，却可收烹助净供。

诗中说的就是乾隆皇帝在露香斋一边品啜南方新贡芽茶，一边欣赏御园雨景时的情景。

池上居

圆明园内另一处茶舍为池上居，又名怡情书史或画禅室，圆明园之外，香山静宜园及盘山静寄山庄内亦各有同以“池上居”为名的建筑，它们都是乾隆用来作为鉴赏董其昌所评书画的场所。圆明园池上居最大的功能除了赏鉴书画外，就是作为品茗之用。乾隆十八年（1753）《活计档》记载，乾隆十七年（1752）十一月：“初七日员外郎白世秀来说太监胡世杰传旨：将竹茶具一分安在玉壶冰；将玉壶冰换下茶具一分，再将造办处收贮树根宝座茶具一分，俱安碧云寺北墙橱柜，安在南墙半元桌，安在西墙。其碧云寺换下茶具，一分安在怡情书史池上居；漆茶具一分安在静宜园静室；紫檀木茶具一分送在热河千池雪安设。钦此。”乾隆十八年十二月《活计档》又载：“十八日员外郎白世秀来说太监胡世杰交茶仙二分，传旨：着在瀛台千尺雪摆一分；怡清书室池上居摆一分。钦此。”“于本月十九日柏唐阿舒敏将茶仙一分送赴瀛台千尺雪安讫；于十九年正月十七日员外郎白世秀将茶仙一分持进池上居交讫。”乾隆于十六年（1751）冬至前作成的《圆明园画禅室对雪有作》诗中提及：“积素山逾远，寒侵夕益绵。即真应大雪，景恰媚名园。鹤讶翔松顶，蝗知避麦根。竹炉新仿得（注：仿惠山制竹炉收雪水烹之），活火正温存。”证明画禅室（池上居）的竹炉为乾隆十六年所制。池上居与露香斋均位于圆明园九州清晏，虽然相距较近，但依乾隆的雅兴，修建两处茶舍是没有问题的，露香斋茶舍多为赏景品茗，而池上居更多的是赏画品茗。两处茶舍与建福宫内的碧琳馆及玉壶冰相同，根据乾隆的雅兴和作用轮流替代使用。

泽兰堂

泽兰堂位于长春园北部，与西洋楼大水法一墙之隔。乾隆二十四年（1759）与西洋楼大水法一同添建而成。泽兰堂为长春园的书屋，是一座以楠木为主体的大殿，不施丹青，保持楠木本色。殿前、后建有月台，殿内设有宝座，东、西次间设有供皇帝休息的宝座床。室内陈设有书籍文玩，还有竹炉、紫檀木茶具等，尽极风雅。殿内还收藏有《重刻淳化阁帖》和《西洋楼铜版图》各一套。

长春园泽兰堂（复原图） 张宝成 绘

泽兰堂为高台大殿五间，前后皆有游廊和月台。泽兰堂东尽间北窗有宝座床，是乾隆在此观赏大水法之处。茶舍即在此，室内布局与静明园竹垆山房、静宜园竹垆精舍、碧云寺试泉悦性山房、北海静心斋焙茶坞等茶舍规格略同，一般是在竹炉一侧供奉茶仙陆羽像，来自惠山的竹炉一份、紫檀木茶具一份。可以想象，乾隆皇帝当年在此一边品味贡茶，一边欣赏西洋楼喷泉的雅兴。

乾隆白地红彩诗句茶具

清紫檀书画装裱分隔式茶籝

乾隆与“五福五代堂”

“五福五代堂”位于圆明园九州东岸天然图画景区内，此建筑为雍亲王皇子赐园时的建筑。殿内悬有康熙御书“五福堂”，弘历先后5次题咏“五福堂”，其继位后也有诗句云：“园内此堂古，祖恩皇考承。”

“五福五代堂”

“五福堂”堂阴有一株玉兰树，是圆明园初建时所植，这棵树与乾隆的年纪相同，弘历儿时常至花下游玩，视之为同庚。此树被称作圆明

① 昨岁七月遇闰，节气较迟，至西巡回跸后，四月初五兰尚正开，是以有“归来孟夏花仍发，吐萼弹苞如有待”之句。

② 昨年于堂中对花成长歌志怀，立卧碑于庭，勒诗其上，并饰新轩牖，点缀文石，今春花发倍胜常年，信物萫有待也。

园玉兰之祖。乾隆五十一年（1786），已经是七十六岁的乾隆曾有《五福堂玉兰花长歌志怀》诗称：

御园中斯最古堂，其年与我相伯仲。清晖阁松及此花，当时庭际同植种。松遭回禄花独存……

“回禄”是传说中的火神名，后因此称火灾为回禄，这里指的是乾隆二十八年（1763）五月初五发生在九州清晏的一次火灾，烧毁了那里乾隆皇帝视为“同庚”的九株乔松，而另一株和他一起长大的玉兰并未遭灾。若如其所说玉兰与他年纪相仿，则这株玉兰已经七十多岁了，仍然长得很好，可能是沾了五福堂的“福气”吧。所谓“五福”之意据《周书·洪范》载：“一曰寿，二曰富，三曰康宁，四曰攸好德，五曰考终命。”即长寿、富贵、健康、道德高尚、命运佳。根据《乾隆御制诗文集》第五集卷二十九收录的乾隆五十二年（1787）弘历写的《五福堂对玉兰花二十韵》诗，并立卧碑于庭刻诗其上，说这株玉兰也是有福气的树木，而且得到了康雍二帝的庇荫：

五福堂阴玉兰树，五十年曾未一顾。
昨岁夏首偶看花，却似故人欣重遇。
忆昔幼龄花下游，昆弟仆役鲜个留。
老我独兹对乔木，可能恝置无句酬。
昨岁闰前花如待，今年春仲花时乃。①
碑石轩窗洁治精，略经翦拂开花倍。②
花诚知报不我欺，抚笺欲吟还廑思。

菁莪棫朴有如是，树人人可副予期。
竭绎五福具深义，皇考筑堂额祖赐。
地灵物并受资藉，洪范之畴花亦备。
一曰寿实花之身，种时与我同庚真。[③]
即今孥枝高出屋，容容白玉盘轮囷。
二曰富实花之朵，繁英千万枝头娜。
游蜂舞蝶任采芳，由来无可无不可。
三曰康宁则信然，清晖松植原齐年。
松经回禄花依旧，琳枝琼蕾翻增妍。[④]
四曰攸好德之则，受采后素以为色。
设若花中品四科，颜闵俦也他弗克。
五曰考终命之畴，五福既备无他忧。
咨尔昌昌发英者，莫非祖考所贻庥。

③ 圆明园经营于康熙辛卯岁，盖与予同年也，此玉兰及清晖阁之松皆彼时所种。

④ 清晖阁前松九株与玉兰同植数十年矣，因癸未五月不戒于火，九松尽毁，而玉兰以地隔远得以无恙，至今独茂。并见去岁长歌。

乾隆四十九年（1784）乾隆皇帝七十四岁，已属古稀之年。当时他正在第六次南巡途中，由江宁经楼霞山驻跸龙潭行馆。于三月十二日在龙潭行馆得到留京王大臣的六百里加急奏折，报告乾隆的曾长孙奕纯在本月八日喜得一男（载锡），乾隆有了第一个元孙（应为玄孙，因避康熙名“玄烨”而改“玄孙”为“元孙”）。

此元孙为乾隆帝长子定安亲王永璜家族后代，其家族情况为：

定安亲王永璜—绵德（四子）—奕纯（长子）—载锡（长子）

从这天起乾隆五代同堂。这件大喜事令朝中随行大臣和蒙古王公均同声欢庆。乾隆帝喜不自胜之余，当即作诗：

留京王大臣飞报得五代元孙之喜，诗以志意。

飞章报喜达行轩，欢动中朝及外藩。

曾以古稀数六帝，何期今复抱元孙。

百男周室非五代，三祝尧封是一言。

耄耋人多兹鲜遇，获兹惟益凛天恩。

“百男周室非五代”是说周文王有百子可谓人丁兴旺，但也没有做到五世同堂，自己得此殊恩更因敬天慎行。

“三祝尧封是一言”说的是“华封三祝”的故事，典出《庄子》，意思是说华地封人祝尧多寿、多富、多子，而尧帝再三辞谢。言下之意是说即使是尧帝也并没做到五世同堂。

乾隆年届七十之后曾派人遍查历代帝王年寿情况，获悉自三代以下除自己外帝王年过七十者只有汉武帝刘彻、梁高祖萧衍、唐明皇李隆基、宋高宗赵构、元世祖忽必烈和明太祖朱元璋六人。而这六位帝王显然没能在有生之年见到元孙，而自己于古稀之年得见元孙，当然更加感念天恩之厚施于己。

这之后乾隆又命彭元瑞、曹文埴等大臣查阅历时十年刚刚编成的《四库全书》，查明自唐代以来除他之外有生之年能见到元孙得以五世同堂的人也只有唐代的钱朗、宋代的张寿、元代的吴宗元和明代的罗恢、归璇、文徵明六人，恰好与年过古稀的帝王之数相同，而这六人又无一人是帝王。乾隆因此更为欣喜，于是又作诗：

命彭元瑞曹文埴检《四库全书》古来见元孙者有几，据奏，自唐迄明凡六人，诗以志事。

五世元孙膝上珍，检兹有几命儒臣。
奏来详悉翻四库，特出祯祥得六人。
恰彼古稀帝同数，赢其家庆我饶臻。
如斯天贶叨骈叠，忍不敉几心爱民。

诗中乾隆感喟于自己成了历史上唯一一位年过七旬而又五世同堂的皇帝，成了“千古一帝”。他认为这是上天的赐福接二连三而至，表示自己一定要日夜警惕，勤政爱民以报答天恩。乾隆帝认为自己能五代同堂是“尽人伦之极”的人生大事，并推恩于天下百姓，谕令各省督抚查访五世同堂之家，当时直隶、江西、山东、四川、广西各督抚奏报，百岁寿民五世同堂者六家。又各督抚奏报，五世同堂者一百九十四家，如直隶张璧、湖北李进也、贵州孙月英，各得玄孙自八人至六人不等，尤为繁衍。“盖圣化翔洽，生齿殷昌，同时名列奏章，事登御集，皆先民罕逻之荣也。”由于这些活动的渐次展开，又引出了第二年即乾隆五十年（1785）在乾清宫举行三千人参加的“千叟宴”之盛事。

乾隆在当年南巡归来后的十月二十二日，临奕纯府邸看望已经七个多月的元孙载锡，欢喜异常，当即赐无量寿佛1尊、青玉灵芝如意1件、水晶菱花笔洗1件、珊瑚小朝珠1盘、白玉仙舟1件、青玉娃鼓1件、银晶三层盒1件、玛瑙鹤式水盛1件。

在乾隆喜得元孙后，于乾隆五十二年（1787）正月在天然图画五代堂增题“五福五代堂”匾，匾用苏州漆做，为黑漆地阳纹木金字、三寸宽二色金西番莲花纹大边。从此，“五福堂”也就改称“五福五代堂”。

乾隆皇帝与众多皇子新年在宫苑赏雪

乾隆与纪恩堂

纪恩堂位于福海东岸的镂月开云景区内，镂月开云原名牡丹台，为雍亲王皇子赐园时的建筑，因以牡丹著称而得名。康熙帝曾五次亲临此地赏花。康熙六十一年（1722）三月二十五日，康熙见到了时年十二岁的皇孙弘历，并召入宫中抚养。后雍正、乾隆陆续登基，此地则成为康雍乾三朝天子历史性的会聚一堂之处（详见“雍正与圆明园”篇）。

雍正四年（1726）六月，雍正皇帝胤禛御书“序天伦之乐事”匾文。乾隆三十年（1765），已经是五十五岁的乾隆皇帝回想起儿时随爷爷康熙皇帝去承德避暑山庄，康熙将万壑松风“鉴始斋”赐给弘历读书，赐居于“静佳室”，平时进宴或批阅奏章，都要皇孙弘历侍奉在旁，朝夕教诲。便将万壑松风题名为“纪恩堂”，并撰写《避暑山庄纪恩堂记》，以纪念康熙皇帝对他的眷顾养育之恩。

乾隆三十一年（1766），乾隆皇帝将第一次见到爷爷康熙时圆明园镂月开云的牡丹台也改名“纪恩堂”，并撰写《纪恩堂记》，以纪念康熙皇帝对他的眷顾养育之恩，同时也希望后代皇子皇孙能体会不负皇祖的浩荡天恩，可见乾隆皇帝对其祖父康熙皇帝是多么崇拜和热爱，也透露出乾隆皇帝感性的一面。

乾隆皇帝在圆明园和承德避暑山庄各存放一枚“纪恩堂”印，印的周身遍刻乾隆御制诗，避暑山庄那枚印章现于北京故宫博物院收藏。而这枚“纪恩堂”宝则是圆明园的那方玉玺，玉玺白玉质地，交龙纽，阳文篆书“纪恩堂”三字，印体四周刻乾隆帝御制《纪恩堂记》全文，馆阁体的蝇头小楷，一笔一画都笔意具在，显示出高超的工艺水平。咸丰十年（1860）圆明园被英法联军洗劫，纪恩堂也未能幸免，此玺整体玉色泛青局部黑色，印体周身分布细纹，明显经过火烧但程度不深。在历经劫难后仍能保存下来，实在是万幸。“纪恩堂”玺在2004年香港苏富比秋拍中以1400.24万港元成交。

圆明园“纪恩堂”玉玺与印面

“纪恩堂”宝白玉质地，交龙纽，阳文篆书“纪恩堂”三字，印体四周阴刻乾隆帝御制《纪恩堂记》全文，馆阁体的蝇头小楷，隽永清秀。此玺在《乾隆宝薮》中有明确著录。乾隆帝为了纪念祖父的恩情并传示后人，分别在圆明园牡丹台初次觐见祖父的镂月开云殿和热河避暑山庄万壑松风内康熙帝赐居的处所，题写了“纪恩堂”匾额。并先后撰写了《纪恩堂记》和《避暑山庄纪恩堂记》两篇文章，详记受恩于康熙帝的始末。同时，还命内廷御用工匠选上好材料刻制了两方“纪恩堂”玺，将两篇文章分别刻在印上，放置在这两个地方。

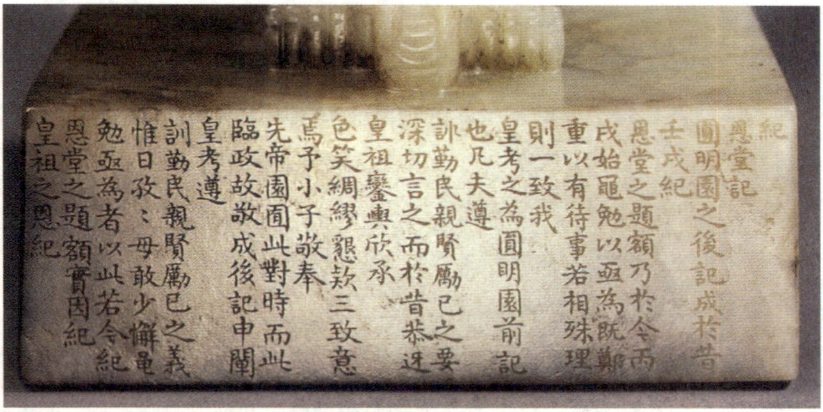

印玺四周雕刻有乾隆御制《纪恩堂记》

附 乾隆皇帝御制《纪恩堂记》（圆明园镂月开云）

圆明园之后记成于昔壬戌，纪恩堂之题额乃于今丙戌，始黾勉以亟为，既郑重以有待。事若相殊，理则一致。我皇考之为圆明园前记也，凡夫遵训勤民亲贤励己之要，深切言之，而于昔恭迓皇祖銮舆，欣承色笑，绸缪恳款，三致意焉。予小子敬奉先帝园囿，此对时而此临政，故敬成后记，申阐皇考遵训勤民、亲贤励己之义，惟日孜孜，毋敢少懈，黾勉亟为者以此。若今纪恩堂之题额，实因纪皇祖之恩。纪皇祖之恩必有差所谓不负皇祖之恩者，是不易言也。我皇考迓皇祖承色笑者，每一再举行，至予小子之恭承皇祖恩养育宫中，则在康熙壬寅春，即驾临之日而觐于斯堂之内云。斯堂在圆明园寝殿之左，旧谓之牡丹台，即四十景内所称镂月开云者，向于诗中亦经言及。惟时皇考奉皇祖观花，燕喜之次，以予名奏闻，遂蒙眷顾，育之禁廷，日侍慈颜而承教诲。即雍正十三年诏尚以是为言。故予小子自践祚以来，敬惟古帝王所以凛承付托者，不过于其考，或偶于其祖。若予则皇祖、皇考付托所重，言念及此，自视常若不足，遑敢弛朝干夕惕之志？故凡出治临民，罔不尽心筹度，日慎一日。至于今三十年，仰蒙天佑，内恬外辟。政虽未臻上理，而民则可谓粗安。此所谓差不负皇祖之恩者乎！郑重有待者以此。夫人之论周室，率谓太王欲传位王季以及文王，泰伯知而避去。此非也。盖知子莫如父，王季其勤王家，实足以兴周家也。若泰伯之不从，朱子以为即夷齐叩马之心，予以为在夷齐则可，在泰伯则不可。何则？从圣父以翦寝衰之商。正也，太王知泰伯有廉让而无缔构，王季又圣，故传位焉。是亦正也。是知以及文王之言，乃后人想当之谈，政恐后人之谬为比拟。是以申而论之。然则纪皇祖之恩，即所以纪皇考之恩，则先此之不敢遽云纪恩者，以有待也。虽然，岂一题额即可以告毕吾事而息吾肩者哉？苟吾志之偶渝，郎吾言之自寒，矜矜焉，惴惴焉，将日触吾目而警吾心，且以告后来之入斯堂者宜继绳而笃勤敬云尔。

圆明园四十景之“镂月开云”

兰亭八柱与“曲水流觞”

兰亭八柱位于后湖东北侧坐石临流景区内，原为西向三开间重檐亭。乾隆初年定名“坐石临流”并绘入四十景图中。乾隆帝弘历为皇子时所写《田字房记》曰：“流杯亭之西南有田字房焉。丁未（雍正五年）四月十八日，皇父万几之暇，燕接亲藩游豫于此。”这表明此亭原称流杯亭，雍正五年（1727）已建成。这座流杯亭，是仿照浙江绍兴古兰亭意境而建。

坐石临流

东晋穆帝永和九年（353）三月三日，王羲之与谢安、孙绰等41人，在山阴（今浙江绍兴）兰亭“修禊”，会上各人作诗，聚会宴咏时，席间饮酒赋诗，王羲之为32人诗作，写了一篇324字的《兰亭序》。又称

《兰亭宴集序》《兰亭集序》《临河序》《禊序》《禊帖》。序中记叙兰亭周围山水之美和聚会的欢乐之情，抒发了好景不长、生死无常的感慨。法帖相传之本，共28行，324字，章法、结构、笔法都很完美，是他三十三岁时的得意之作。后人评道："右军字体，古法一变。其雄秀之气，出于天然，故古今以为师法。"因此，历代书家都推《兰亭序》为"行书第一"。唐时为太宗所得，推为王书代表，曾命赵模等钩摹数本，分赐亲贵近臣。可惜传被唐太宗作为殉葬品，埋入昭陵，从此真迹永绝于世。存世唐摹墨迹以"神龙本"为最著，唐太宗时冯承素号金印，故称为《兰亭神龙本》，此本摹写精细，笔法、墨气、行款、神韵，都得以体现，公认为是最好的摹本；石刻首推"定武本"。经郭沫若考证，以为相传的《兰亭序》后半文字，兴感无端，与王羲之思想无相同之处，书体亦与近年出土的东晋王氏墓志不类，疑为隋唐人所伪托。但也有不同意其说者。《兰亭序》表现了王羲之书法艺术的最高境界。作者的气度、风神、襟怀、情愫，在这件作品中得到了充分表现。古人称王羲之的行草如"清风出袖，明月入怀"，堪称绝妙的比喻。

浙江绍兴兰亭

酷爱书法艺术的乾隆皇帝，对于文人雅士游兴会稽古兰亭和王羲之所书《兰亭序》帖深表赞许，而“坐石临流”景区的兰亭，其文化内涵尚显不足。于是。乾隆帝后来从内府藏帖中辑得历代书法名家《兰亭帖》墨迹6册，即唐代虞世南、褚遂良、冯承素分别临摹的王羲之《兰亭序帖》、柳公权书《兰亭诗并后序帖》、明代戏鸿堂刻《柳书兰亭帖》、董其昌临《柳书兰亭帖》，再加上大学士于敏中补戏鸿堂刻柳公权兰亭诗阙笔，及乾隆自己临董其昌仿《柳书兰亭帖》一册，合为《兰亭八柱之册》。乾隆四十四年（1779）春降旨改建“坐石临流”亭为重檐八方亭，“因就此亭易以石柱，而各刻一册于柱，以永其传”，俗称兰亭八柱。并在亭中竖立一座巨型石屏，正面刻王羲之等人“曲水流觞”图景，碑阴刻乾隆九年（1744）御制《坐石临流》诗及己亥（乾隆四十四年）季秋御识，后又续刻壬寅（四十七年）、乙巳（五十年）御制《再题兰亭八柱》诗两篇。新兰亭外檐悬乾隆四十四年二月御书匾文“坐石临流”黑漆金字一块玉匾。

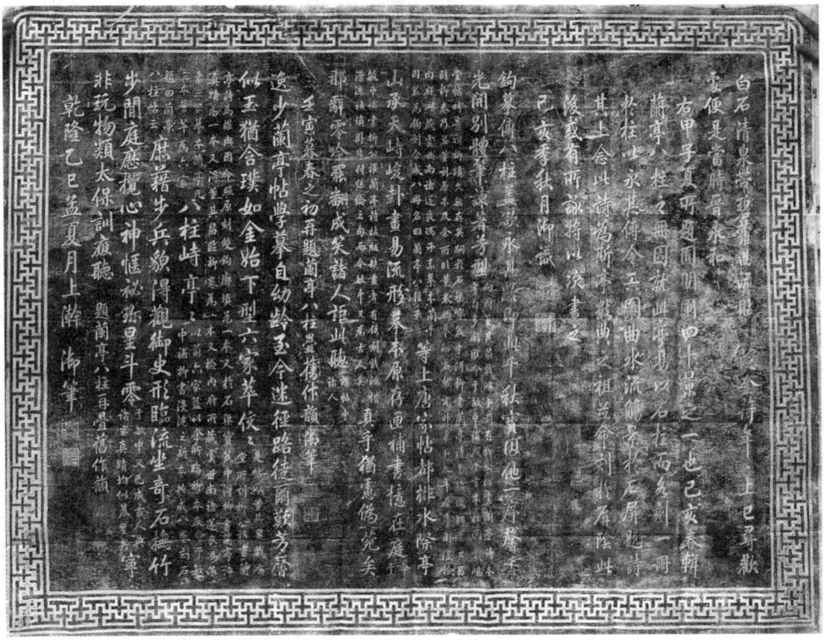

“坐石临流”亭碑阴面拓片（乾隆御笔四首）

咸丰十年（1860）英法联军将圆明园焚毁后，兰亭和兰亭八柱这两件重要文物被弃于荒野。公元1900年后“坐石临流”景余下的建筑逐渐被毁，1910年（宣统二年）被移到颐和园，后置于耶律楚材祠中。1915年，江朝宗致函溥仪内务府，请求拉运圆明园兰亭碑及山石，以供社稷坛开拓公园之用。其后，兰亭碑及八根石柱，分别于1917年前和1941年后运至北京中山公园，并在“绘影楼”前建前厅三间，四出廊，作为陈列碑石之用。中华人民共和国成立后，党和政府十分重视这一重要文物，于1971年利用这八根石柱，在中山公园内建起了“兰亭”，同时也将原来的石碑置于亭中。今天，兰亭碑仍完好，字迹图像清晰，八根柱石之《兰亭帖》虽有风化，但仍可辨读。

北京中山公园内的兰亭八柱

圆明园内的买卖街

圆明三园中的买卖街共有两处，一处位于圆明园西部东路的舍卫城之南、同乐园之西，呈“T”字形商业街形式；另一处在长春园含经堂东侧，为单面长排的铺面房。前者是圆明园真正意义上的买卖街；后者则只是乾隆为了自己60年退位后养老休闲的一处小型商市。

买卖街

同乐园买卖街位于圆明园四十景之一的“坐石临流”景区内，南北长210米，东西为100米，买卖街主体为南北向，中间有河流过，河上架设双木板踏垛桥，名双桥，长街由此被分为双桥南街和北街，向北延至舍卫城南侧，形成基本对称的东西二街，共同组成此组街市格局。

圆明园买卖街和同乐园戏台细节

现存乾隆年间《圆明园内拟定铺面房装修拍子以及招牌幌子则例》则明确开列了圆明园中一些店铺的种类，计有当铺、首饰楼、银号、香蜡铺、纸马铺、油盐铺、菜床子、粮食铺、颜料铺、茶馆、南酒铺、干果铺等，从所列货物判断，可能另有兵器铺、鞍鞯铺、文具店等；圆明园中除此之外至少还应该有古玩店、酒馆、饭庄、估衣铺、瓷器店、漆器店、丝绸店、布店、书店、木器家具店、鸟雀店等，总计20余种店铺，另有卖饮料、水果、零食、针线百货的临时小商贩。嘉庆九年（1804）曾有谕旨："嗣后大戏十日后，荤素饭铺也一并撤去。"可见街上的饭铺还区分荤素。纸马铺是卖丧葬用品的店铺，居然也列于御苑买卖街中，其货品的齐全程度可见一斑。若按蒋友仁的记录，有些店铺还出售一些来自日本、欧洲的进口商品。

对于买卖街的热闹程度和景象，王致诚在书信中有详细描述“皇帝临幸时，与其最下级臣民鲜区别焉。叫嚣兜售之中，俄而破口喧争，俄而挥拳奋斗。负弩之士，引肇事人至庭。公庭审理宣判，或加杖责，悉以游戏出之。有时取悦于君上，则几伪乱于真云。”《竹叶亭杂记》中还记载了一则关于乾隆帝、和孝公主与和珅在同乐园买卖街购物的逸事，饶有趣味：

和孝固伦公主下嫁和相国之子额驸丰绅殷德。主未嫁时，呼和相国为丈人。一日高宗携主游同乐园之买卖街，和时入直在焉。高宗见售估衣者有大红夹衣一领，因谓主曰：“可向汝丈人索之。”和因以二十八金买而进之。

同乐园买卖街开市具有很大的表演成分，商人一般由太监扮演，除了商人还有卖艺的、说书的、算命的，有时甚至还会出现小偷盗窃商品等表演项目。这里的一切都是为了帝后节日娱乐助兴，所卖的商品也大多从园子外的市场上借，闭市后再根据交易量和商家结算。

圆明园同乐园买卖街为典型北方商业街之缩影。因为街市的北头是舍卫城的城门，此街市的格局很像北京前门的城门与前门大街。

“训守冠服国语骑射”碑与“山高水长”

清朝是由满族这一少数民族经过军事征服建立起的封建王朝，但中国的绝大多数人口是汉族，清朝只能算是少数民族，所以清朝统治者在定鼎中原后，针对满汉矛盾较为突出的实际，为了尽快建立对广大汉族地区的有效统治，大力倡导“满汉一体”“满汉一家”，并采取了提高汉官地位，信任、重用汉官，崇儒重道、确立儒家思想的统治地位等一系列举措。

随着清军入关时间的久远，满族绝大多数旗人已经适应并融入了中原汉文化的生活中。乾隆时期，八旗官员大多清语生疏甚至荒废，宗室子弟、章京及侍卫等在公所俱说汉话。乾隆统治时期，距清军入关已有百年，天下承平日久，八旗劲旅习于晏安，骑射、尚武等满洲旧制日久废弛。出现了“弓马软弱，步射生疏，撒放亦不干净，箭发无准，甚至擦地”的场面。乾隆四十年（1775），乾隆帝阅看京师八旗大臣等送到引见人员，其“步箭甚属不堪”，“所射非不至布把，即擦地而去，甚至有任意放箭几至伤人者”。

旗人除逐渐荒废满语骑射外，还出现了其他一些渐染汉人习俗的现象：有将满洲姓氏弃置，改钮祜禄姓为郎姓者；有旗人女子仿效汉女装束者；还有满洲官员“熏染汉习，每思以文墨见长，并有与汉人较论同年行辈往来者，夫弃满洲之旧业，而攻习汉文，以求附于文人学士”。

为此，乾隆皇帝于乾隆十七年（1752）三月二十日上谕曰：“我皇祖太宗之睿圣，特申诰诫，昭示来兹，益当敬勤贞珉，永垂法守。著于紫禁箭亭、御园引见楼及侍卫教场、八旗教场，各立碑刊刻，以昭朕绍述推广至意。俾我后世子孙臣庶，咸知旧制，敬谨遵循，学习骑射，娴熟国语。”

“山高水长”立碑正面刻乾隆十七年三月二十日上谕碑文：

谕，朕恭阅太宗文皇帝实录，内载：崇德元年十一月癸丑日，上御翔凤楼，集诸亲王、郡王、贝勒、固山额真、都察院官，命宏文院大巨读大金世宗本纪。上谕众曰："尔等审听之；世宗者，蒙古、汉人诸国声名显着之贤君也，故当时后世成称为小尧舜。朕披览此书，悉其梗概，殊觉心往神驰，耳目倍加明快，不胜叹赏。朕思金太祖、太宗，法度详明，可垂久远。至照宗合喇及完颜亮之世尽废之，耽于酒色，盘乐无度，效汉人之陋习。世宗即位，奋图法祖，勤求治理，唯恐子孙仍效汉俗，像为禁约，屡以无忘祖宗为训。衣服语言，悉遵旧制，时时练习骑射，以备武功。虽垂训如此，后世之君，渐至懈废，忘其骑射。至于哀宗，社稷倾危，国遂灭亡。乃知凡为君者，耽于酒色，未有不亡者也。先时儒巨巴克什达海、库尔缠，屡劝朕改满洲衣冠，效汉人服饰制度，朕不从，辄以为朕不纳谏。朕试设为比喻，如我等于此聚集，宽衣大袖，左佩矢，右挟弓，忽遇硕翁科罗巴图鲁劳萨挺身突入，我等能御之乎？若废骑射，宽衣大袖，待他人割肉而后食，与尚左手之人何以异邓？朕废此言，实为子孙万世之计也，在朕身岂有更变之理？恐日后子孙忘旧制，废骑射以效汉俗，故常切此虑耳。我国士卒初有儿何？因娴于骑射，所以野战则克，攻城则取天下，咸称我兵曰立则不动摇，进则不回顾，威名震慑，莫与争峰。此番往征燕兵出边，我之军威竟为尔八大臣所累矣，故谕尔等，其谨识。朕言钦此。"

朕每敬读圣谟，不胜钦凛感慕。深唯国家开创之时，我祖宗躬亲劳瘁，勤求治理，矩薙相传，罔敢渝越，以立万世之丕基。至于今，咸受无疆之福者，皆仰遵明训所致也。我朝满洲先王遗风，自当永远遵循，守而勿替，是以朕常躬率八旗臣什行围较猎，时时以学习国语、熟练骑射、操演技勇，谆切训侮，无非率由旧章，期以传之奕禩，永绵福作，唯是我皇祖圣训所垂载在。《实录》若非刊刻宣示，则累朝相传之家法，外庭臣什何由共悉？且自古显漠令典，多啦泐之金石，晓喻群工，我皇祖太宗之睿圣，特申诰诫，昭示来兹，益当敬勒负珉，永垂法守，着于紫禁箭亭、御园引见楼及侍卫教场、八旗教场，各立碑刊刻，以昭朕绍述推广至意。啤我后世子孙臣庶，咸知满洲旧制，敬谨遵循学习骑射，娴熟国语，孰崇淳朴，屏去浮华，毋或稍有怠惰克钦承葬训，冀亿万世子孙，共享无疆之庥焉。

故宫箭亭内的“训守冠服国语骑射”卧碑

乾隆后又在“山高水长”和北海侍卫教场碑阴刻乾隆四十三年（1778）五月二十八日上谕：

朕恭阅太宗文皇帝实录，天聪四年二月，上谕群臣曰：昨攻取永平城，大臣阿山叶臣与猛士廿四人冒火奋力登城，乃我国第一等骁勇人也。其廿四人蒙上天眷佑，幸俱无恙。次日召伊等进见，朕心怆然，几不能忍。此等猛士与巴图鲁、萨木哈图及他处先登骁勇出众之人，前已有旨，后遇攻城，勿令再登。及攻昌黎县，萨木哈图又复与焉。以后此等捐躯建功之人，勿得再令攻城，但当在诸贝勒、固山额真左右，遇众对敌之时与之同进。若彼欲自攻城，亦当止之。即或厮卒中有二一次率先登城立功者，亦不可再令攻城，以示朕爱惜材勇之意。

仰见我祖宗开创艰难，于战胜攻取时仁恩恤下，无微不至。是以人思感励，敌忾効忠，所向克捷。开疆定业，肇造鸿图，贻谋垂裕之道实在于是。朕临御以来，平定准部回部及荡平两金川，我旗营劲旅中鼓勇先登攻坚拔栅者固不乏人。印绿营中亦间有出众奋勉者，一经将军等具奏，印赏以巴图鲁号，用示奖励。而伊等倍加感奋，凡遇攻夺碉寨，仍复超众争先，以圆报効。其间屡建功绩者固多，而因冒险伤陨者亦复不少。朕每为矜悯，尽然于怀。兹紬绎祖训，骁勇立功之人毋令再登，益敬服大圣人之用心，非孙臣所能见及也。今武功告蒇，函夏谧宁，继此不愿复有用兵之事。但兵可百年不用，不可一日不备。而谟训昭垂法良意美亦不可一日或忘。用是敬录圣谕，明白宣示我君臣，当其恪守以垂久远。且使我世世子孙懋继前规，勉思善述，以巩亿万载丕丕基。其钦承毋忽！

北海侍卫教场旧址内的“训守冠服国语骑射碑”

“山高水长”这块碑其实就是告诫满族旗人不可忘记自己的民族语言，更不能荒废八旗善于骑射、勤习武备等旧俗。这些都是满族乃至大清立足中原的根本，一旦荒废，可能会导致亡国。乾隆分别在紫禁箭亭、御园引见楼（圆明园“山高水长”）及侍卫教场（北海）、八旗教场（紫光阁）各立有一块碑。其中紫禁城箭亭和紫光阁八旗教场为卧碑，而圆明园山高水长和北海侍卫教场则是立碑。20世纪30年代初，圆明园“山高水长”碑被国立北平图书馆从圆明园遗址上移到位于西安门内的图书馆院内。

圆明园四十景之“山高水长”

《国立北平图书馆记》

蔡元培撰　钱玄同书

国立北平图书馆者，教育部原有之国立北平图书馆与中华教育文化基金董事会自办之北平北海图书馆合组而成者也。旧隶教育部之国立北平图书馆，初名京师图书馆，成立于民国纪元前二年，馆址僦什刹海广化寺充之。民国二年，设分馆于宣武门外前青厂。未几，本馆停办，移贮图书于教育部。四年，部议以方家胡同前国子监南学房舍为馆址，筹备改组。六年一月开馆。十七年七月，更名曰国立北平图书馆。十八年一月，迁馆址于中海居仁堂。馆中藏有文津阁《四库全书》一部、唐人写经八千六百五十一卷，又有普通书十四万八千余册，善本书二万二千余册，明清舆图数百轴，及金石墨本数千通，均希世之珍也。顾以馆址无定，灾损堪虞。民国十四年，中华教育文化基金董事会成立，即有与教育部合组国立京师图书馆之议，而牵于政局，未能实现。董事会遂独立购置御马圈地，绘图设计，筹建新馆，同时在北海赁屋，组织北京图书馆，于十五年三月成立，迁都后，更名曰北平北海图书馆。三年以来，规模略具，其购置中文书籍八万余册，西文书籍三万五千余册，分类编目，与各种书籍杂志索引之纂辑，均次第举行，出版事业亦已开始。此两馆未合并以前之略史也。

新馆之建筑工程，实始于十八年三月，是年六月，董事会举行第五届年会，教育部重提两馆合组之议，经董事会通过，仍用国立北平图书馆之名，而权以第一馆、第二馆别之。今兹新厦告成，乃合两者之所藏而萃于一馆焉。新馆之建筑，采取欧美最新材料与结构，书库可容书五十万册，阅览室可容二百余人，而形式则仿吾国宫殿之旧，与北海之环境尤称。自兹以往，集两馆弘富之搜罗，鉴各国悠久之经验，逐渐进行，积久弥光，则可以便利学术研究而贡献于文化前途者，庸有既乎。久爰志缘起，用勖将来。

中华民国二十年六月二十五日

乾隆在圆明园接见外国使节

乾隆接见葡萄牙使臣巴哲格

巴哲格是乾隆十八年二月二十八日（1753年4月1日）到达北京的。在此前七个月葡使抵达澳门后，乾隆就关照广东及沿途地方官员，对来使的“一切供应，量从丰厚”。巴哲格到北京后，乾隆因忙于每年一度的亲耕等典礼活动，直至四月初二（5月4日），才在故宫首次会见了该使臣。初五乾隆去天坛斋居祭天时，又让巴哲格在路上接驾。次日乾隆回驻圆明园后，在园内先后3次会见葡使。

巴哲格第一次进入圆明园是四月初九（5月11日）。这天乾隆在山高水长设大蒙古包宴，隆重款待葡萄牙使臣。乾隆亲手向巴哲格赐酒，陪宴的有王公大臣，及供职清廷的七八位西洋人，包括钦天监监正戴进贤、监副傅作霖，及郎世宁、蒋友仁、王致诚等。蒙古包宴，原是清帝筵宴游牧民族首领的特有形式，用意是顺其俗尚。葡萄牙本是西方资本主义国家，乾隆沿用此例，是为了让葡使在这里欣赏中国民间的“玩耍技艺”。

巴哲格二进圆明园是四月十六日（5月18日），乾隆在长春园含经堂宫门广场又“亲御帐殿，优以宴赏”。这次让葡使乘船在园内游河、欣赏大小园中之园，乾隆还安排巴哲格观赏了谐奇趣西洋喷泉，事后在谐奇趣东平台楼内洋漆玻璃九屏风背面贴挂巴哲格的油画头像。翌年郎世宁奉旨又拣选、添画了康、雍两朝葡萄牙来使和在京效力多年的17位西洋人油画头像，一同贴于九屏风背面。

巴哲格三进圆明园是五月五日（6月6日）端午节。因正值端午佳节来临，乾隆特邀葡萄牙使臣到望瀛洲观赏龙舟竞渡。五月五日这日，福海周围结彩悬红，一片喜庆景象。圆明园每年都会在此举行龙舟竞渡的活动，乾隆会在此率王公大臣、皇室宗亲一起观看，而皇太后则率后妃们在蓬岛瑶台观看。这年因为葡萄牙使臣的到来，竞渡活动更加隆重，参加的龙舟都比往年多。这日早膳后，青依和叶蓁、采萧陪乾隆坐上御舟蓬岛游龙，离开“九州清晏”，然后在“澡身浴德”的澄虚榭下船。在大殿里的宝座上接见了葡萄牙使臣巴哲格及王公大臣们。在此稍事休息，用过茶水之后，乾隆率王公大臣及葡萄牙使臣巴哲格来到福海西岸的望瀛洲，当天御制《端午日奉皇太后观竞渡》诗句曰：“画鹢飞波迅于鸟，彩缅界道直如弦。远人许预天中赏，欲使重瀛盛事宣。”末句说的正是葡使观赏龙舟之事。

在康雍乾盛世中期的一百三十四年间，葡萄牙国王派遣的三位访华特使，都受到了清王朝的特殊礼遇。乾隆后来在一篇诗注中说，他之所以仿建西洋园林，就是缘于此次葡使访华（其实谐奇趣早在两年前就已建成）。“闻彼处以水法为奇观。因念中国地大物博，水法不过工巧之一端。”说明乾隆让欧洲来使看西洋喷泉的目的，是为了让他们知道：中国皇帝所看重的是“远人向化之诚”，而非“任土作贡”。因为“中国之大，何奇不有”，什么都不缺。这些极端自大的思想也导致了大清逐渐落后于世界，以至于葡萄牙使臣拜访乾隆仅仅八十年后，西方人就用船炮撬开大清的国门，圆明园在其后二十年被英法联军焚毁。

乾隆接见英国使臣马戛尔尼

18世纪后期，英国资本主义经济已有相当发展，广州一口通商已不能满足其对华贸易的需要。乾隆五十二年（1787），英国国王应东印度公司的请求，派遣凯思卡特为使臣前往中国交涉通商事务，并谋求建立外交关系，却未料使臣在中途病死。1792年9月26日，英国政府任命曾任外交官和殖民地行政长官的马戛尔尼为正使，乔治·斯当东为副使，代表英王乔治三世以贺乾隆帝八十三岁寿为名前往中国。这是第一个到达中国的英国外交使团，是中英之间最重要的一次早期交往，堪称中西关系史上的重大事件。英国派遣马戛尔尼使团访华，是想通过与清王朝最高当局谈判，取消清政府在对外贸易中的种种限制和禁令，打开中国门户，开拓中国市场。同时，也是为了搜集有关中国的情报，估计中国的实力，为英国下一步的行动提供依据。

英国政府对这次出使十分重视，为使团的组成进行了周密的准备。

首先，对使团成员做了精心安排。特使马戛尔尼是一位有经验的外交官和殖民主义的老手，曾任驻俄公使，与俄国签订了十分有利于英国的商务条约，之后又历任格林纳达总督和英属印度马德拉斯总督。副使斯当东是马戛尔尼的挚友，有从事殖民外交的丰富经验。使团其他成员也都是各种专家，其中有哲学家、医生、机械专家、画家、制图家、植物学家、航海家以及有经验的军官。此外，还有东印度公司的职员和大量军事人员。

马戛尔尼觐见乾隆皇帝

马戛尔尼单腿跪地面向乾隆，乾隆后面是负责这次接待工作的和珅。

使团乘坐的船只和携带的大批礼物也都是经过精心挑选和特别制造的。乘坐的“狮子号”炮舰，装有64门大炮，是当时英国一流的军舰。使团携带的礼物除一部分是投中国皇帝之所好外，更多地是为了显示英国的科学技术，如天文地理仪器、乐器、钟表、车辆、武器、船只模型等。

对于祝寿而来的马戛尔尼使团，清政府最初是持欢迎态度的，并表现出前所未有的重视。乾隆帝认为英使远涉重洋前来祝寿，“具表纳贡”，实属好事。为此他连颁数道谕旨，亲自确定了体恤优礼的接待方针。他不仅破例允许使团从天津上岸，而且命令沿海各省地方官做好接待工作，还向使团提供了丰富的免费的食物供应。英国使团的一个成员感慨道：“关于这一方面，我们所受的待遇不仅是优渥的，而且是慷慨到极点。”

清乾隆五十八年六月廿三日（1793年8月5日），英国使团乘坐一艘64门炮舰“狮子号”和两艘英国东印度公司提供的随行船只抵达天津白河口，之后换小船入大沽。钦差大臣徵瑞亲赴天津接待。

8月9日，使团离大沽赴北京，途中在通州停留，此时，乾隆帝正在承德避暑山庄避暑，于是决定由徵瑞护送使团经北京赴热河谒见皇帝。外交接触尚未开始，礼节冲突便已发生。清朝政府要求英国使臣按照各国贡使觐见皇帝的一贯礼仪，行三跪九叩之礼。英使则认为这是一种屈辱而坚决拒绝。乾隆帝闻讯，勃然动怒，下令降低接待规格。使团在北京稍事停留后，除留一部分人在圆明园调试从英国带来的仪器外，其他主要成员随徵瑞赶赴热河。

据英方文献记载，在圆明园中安装仪器的使节人员被招待得很好。每天有官员来向他们询问是否感到舒适，还有什么需要，等等。其中一位使节团人员每星期经常进城三次。中国方面特为他准备了一辆马车，每天早晨都派人询问他当天是否准备进城。有时中国官员陪他一同进城，有时他一个人走。

安设在正大光明殿的8件礼品是：

1. 天文地理大表1件。这是最大和最先进的一件，能效法天地运转。它由4部分同安在一块底板之上，中间为一长方形大表盘，左右各为一圆形日月星辰仪，前面为一圆形天球仪。通高近3米，长一丈三寸（3.3米），宽一丈一尺七寸（3.7米）。

2. 天球图1件。圆形，连架座通高五尺一寸，直径二尺八寸。

3. 地球图1件。形状大小同天球图。

4. 地球运转全架1件。圆形，连座通高四尺六寸，直径二尺五寸。

5. 指引月光盈亏1件。

6. 测看天气阴晴1件。这两件仪器均置于半圆桌上，连桌通高五尺六寸五，长一尺，宽三尺八寸。

7. 玻璃镶金彩灯2件。高六尺五寸四，直径四尺。

前6件仪器的轮齿枢纽等，当时均已上弦运转，正大光明殿俨然已经成为一座“天文馆”。

9月2日，英国使团离开北京赴承德避暑山庄觐见乾隆帝。9月13日，使团抵达热河，向中国政府代表和珅递交了国书，并同其就礼仪问题再度发生争执。中国又始终以“天朝上国”自居，将别的国家都视为蛮夷之邦，把广阔的世界纳入一个以自我为中心，按照封建等级、名分构成的朝贡体系之中。历代的统治者都制定有一套繁复的朝贡礼仪，朝贡国必须严格遵守这些礼仪，才能表明其“向化”的诚意。乾隆时期，清政府对当时欧洲各国的社会经济的发展和近代资本主义的历史性进步茫然不知，把西方各国仍然视为“海夷”。他们不假思索地称马戛尔尼为“贡使”，称他们带来的礼品为“贡品”，要求他们遵从中国礼制。由于中英双方都不肯迁就让步，谈判几近破裂。最终双方达成协议，英国作为独立国家，其使节行单膝下跪礼，不必叩头。乾隆五十八年（1793）八月十三日，八十三岁的乾隆皇帝在承德避暑山庄澹泊敬诚殿接见了英国使团，接受了英使呈递的国书和礼品清单，并向英王及使团回赠了礼物。八月十四日，乾隆皇帝在万树园举行了焰火晚会，邀请了马戛尔尼、副史斯当东及副史之子多玛·斯当东三人参加。

八月二十二日，英使由承德返回北京后，按乾隆旨意，又把留在城里的寿礼运到圆明园一并在正大光明殿陈设。有：探气架1件、西瓜炮两门、铜炮6门、转椅1对、聚火镜1个、四轮独辕车2辆（凉、暖各1辆）、巧益架1件、西洋船样（模型）1具。据金简、伊龄阿、徵瑞上奏说：“现将留京未摆贡件次第收拾，准于二十三日运至圆明园，即在正大光明殿一并安装。奴才金简、伊龄阿仍前次西洋人及首领太监匠役等，在旁观看，留心学习。奴才等公同照察，务使赶紧装齐，预备二十六日回銮呈览，不致迟误。”

乾隆皇帝在承德避暑山庄祝寿完毕后，于八月二十六日回到圆明园时，英使马戛尔尼在长春园大东门外接驾之后就回到城里去居住。乾隆于八月三十日，到正大光明殿观览了英王所赠的祝寿礼品，“龙颜甚喜”，并立即让太监取银元宝8枚，分赏给英方安装技师及办事人员。此前乾隆还在奉三无私殿，察看了准备回赠英王及访华人员的各项礼物。

对于英国贡品中的既具有观赏性又有操作性的模型，乾隆皇帝表现出反感的态度。在英使携带的礼品中有6门非常精致的架在车上的铜炮，为了在热河当着皇帝的面试放，炮手事先举行了一次演习。每门炮每分钟可以连续发若干响。据英人讲：如此轻快的发射物，在当时现场观看钦差眼里看来却非常一般。他毫不介意地说，这种武器中国军队里也有。最初他希望特使把所有礼品都带到热河，后来不知为何改变态度说：皇帝很快就要回北京，这些炮也不必带去了。此外他还将英使准备带去鸣放的礼炮和操演等用的弹药也全部没收。因为早在乾隆二十二年（1757）中国就曾发布过一项告示，绝对禁止外国人在华携带火器。直到咸丰十年（1860），英法联军火烧圆明园时，发现这些大炮与炮弹完好无损地扔在那里，它们从未被使用过。英军把这些大炮、炮弹重新运回伦敦。

清政府认为，进贡和祝寿已毕，英国使团的任务已经完成，应该打道回府。但是，在将英王国书译出后，他们才如梦初醒，知道英国人祝寿的背后是要求使臣驻京和扩大通商。马戛尔尼则急切要求和等待谈判，他向清政府提出了六项要求：一是请允许英商到宁波、舟山和天津贸易；二是准许英商像以前俄商一样，在北京设立商馆；三是将舟山附近一处海岛让给英国商人居住和收存货物；四是在广州附近划出一块地方，任英国人自由来往，不加禁止；五是英国商货自澳门运往广州者，享受免税或减税；六是确定船只关税条例，照例上税，不额外加征。

面对英国人提出的这些要求，有一部分是属于希望改善两国贸易关系的正常要求，有一部分则具有殖民主义侵略性，清政府并没有认真地研究和区别对待，只是简单地一概拒绝，将英国的六项要求全部斥为“非分干求”，断然关闭了谈判的大门。原先乾隆曾准备在他回銮之后，还要在正大光明殿设宴款待英使，并让其游玩昆明湖，还准备在福海为英使专办一场龙舟表演。马戛尔尼也想让随团英兵为乾隆皇帝操演西洋炮法。此时都一律作罢，以免英使在京“无事耽延，又生枝节”。这样在乾隆回京后，英使接驾之后，就让他们回城里居住。随后令英使于八月二十九日到故宫太和门，空对宝座“领敕颁赏”。

乾隆帝示意负责接待的和珅叫马戛尔尼使团应于九月三日离京回国。英使要求举行谈判，暂缓回国，遭到和珅婉转的拒绝。于是，在没有举行谈判、没有完成使命的情况下，英国使团踏上了归程。九月二日，和珅向使团交呈了乾隆帝的回信和回礼。马戛尔尼一行由钦差大臣松筠陪同（实即护送）下离开北京，经京杭大运河往杭州等地参观。在游历了东部中国之后，十一月九日，使团抵达杭州；十二月九日抵达广州，两广总督在广州送行。之后，使团在澳门停留了一段时间，并于1794年3月17日离开中国；9月6日回到英国朴次茅斯军港。

这次清政府闭关自守，又使中国失去了一次了解世界、扩大经济文化交流、推动社会前进的历史机遇。这次出访清朝，英国使团沿途搜集了大量有关中国政治、经济、军事的情报，为日后英国侵略中国作了资料准备。马戛尔尼认为清朝实质上是极其虚弱的，“好比是一艘破烂不堪的头等战舰”，要击败它并不困难。四十余年之后，第一次鸦片战争爆发，英国在谈判桌上没有得到的东西用武力得到了。

六世班禅与圆明园

据《清实录藏族史料》记载："乾隆四十三年十二月乙丑（1779年1月26日），谕军机大臣曰：昨据章嘉呼图克图奏称，班禅额尔德尼因庚子年为大皇帝七十万寿欲来称祝'朕本欲见班禅额尔德尼，因道路遥远，或身子尚生，不便令其远涉'。今既出于本愿，实属吉祥之事，已允所请。'是年朕万寿月，即驻热河，外藩毕集'。班禅额尔德尼若于彼时到热河，最为便益。"

"六世班禅"罗桑华丹益希（1738—1780），是于藏历第十二绕回之土马年（1738，清乾隆三年）生在襄地扎西则（今后藏南木林宗扎的西则）地方；父名唐拉，咒师出身；母名尼达昂茂，是贵族宗室之女。

1740年，经过扎什伦布寺喇嘛寻访、考察五世班禅"转世"情况，在拉萨请护法神"降神"之后，七世达赖派代表，会同"噶厦"政府官员，共同求证；最后确认罗桑华丹益希就是前一世班禅的"转世灵童"。七世达赖便正式通知扎什伦布寺，并通知驻藏大臣纪山，请他转告清朝高宗皇帝；不久便得到了乾隆皇帝的恩准。七世达赖给"六世班禅"取法名为"罗桑华丹益希"。金鸡年（1741）六月四日，将灵童迎到扎什伦布寺日光殿举行了"坐床"典礼；乾隆帝特派专使与七世达赖的代表一起，由颇罗鼐陪同到扎什伦布寺祝贺"坐床"典礼。

火牛年（1757）二月，七世达赖在拉萨圆寂，六世班禅对七世达赖的逝世，感到十分悲痛，下令扎什伦布寺全体僧众哀悼三天，并诵经祈祷七世达赖早日"转世"。这一年六月，由经师罗桑群佩在扎什伦布寺为六世班禅授比丘戒。1760年，六世班禅派人在后藏托布嘉地方访到了八世达赖的"转世灵童"后，经乾隆帝恩准，接到了扎什伦布寺，由六世班禅为他剃发并起了法名。1762年，在六世班禅的主持下，为八世达赖在布达拉宫举行"坐床"典礼。1766年，乾隆帝遣使到扎什伦布寺册封他为"六世班禅"，颁给了金册、金印。金册的大意是："赞叹班禅是扎什伦布寺的一名德高望重的高僧，且是达赖的上师，精通佛法，要向僧俗公众宣传善法，要整体发展卫藏的佛教事业，努力使卫藏的每一位百姓都能知书达理、幸福安康。”班禅大师写了一封奏折向皇上谢恩。1769年，他三十一岁时，乾隆帝又赐给了一颗用230两黄金铸成的有藏、满、蒙三种文字的“班禅额尔德尼”金印。

乾隆四十三年（1778），乾隆帝为庆贺自己的七十大寿，邀请六世班禅进京。西藏宗教首领进京朝觐清帝，始于第五世达赖喇嘛。据“顺治九年（1652）十一月癸丑，达赖喇嘛至，谒上于南苑”，顺治帝以南苑射猎为名，采取了与五世达赖喇嘛偶然相遇的方法，避免了相见时礼节的繁缛。相见后，顺治帝为达赖喇嘛赐坐，赐宴。达赖喇嘛则向顺治帝进献马匹等物品。顺治帝还“特建西黄寺于京师，以居五世达赖喇嘛”。五世达赖喇嘛在京住了两个多月，于顺治十年（1653）二月，离京返藏乾隆皇帝认为六世班禅来京为其七旬万寿节祝寿，是清王朝“吉祥盛世”的象征。因此，不惜动用大量的人力和物力，为六世班禅额尔德尼一行的到来做了周密的迎接工作。在京师西北部三山五园之一的静宜园和承德避暑山庄北，仿照西藏扎什伦布寺修建了“昭庙”和“须弥福寿之庙”供班禅大师驻跸。并同时命人在圆明园最大的藏传佛教寺庙“月地云居”添建“法源楼”供班禅大师游览圆明园时休憩礼佛。

乾隆四十四年（1779）六月，六世班禅额尔德尼率领三大寺堪布及僧职人员百余人开始离藏赴承德，当时，护送的僧俗官员和马队多达两千人，盛况空前。七月六日到达拉萨，六世班禅额尔德尼与八世达赖喇嘛辞别，互献哈达，各道珍重。十三日队伍到达黑水（今那曲），在此遇由京复命之堪布降白洛桑奉来谕旨，并颁乾隆帝御容（皇帝画像）一幅，以表皇帝的欢迎。年底，班禅一行抵达青海塔尔寺，又接到御赐朝珠、鞍马、哈达等物。因天渐寒冷，六世班禅要在塔尔寺过冬，乾隆特赏御用水獭皮大衣、水獭皮帽给班禅，并特别嘱咐：“见物如晤面，望冬季穿用，速来会晤。”乾隆四十五年三月，六世班禅等人从塔尔寺启程继续东行。至阿拉善时，气候渐暖，决定安排班禅一行在此放痘，接种天花，以备免疫。随行苏本（管活佛膳食的人）劝班禅接种，班禅说："我却无碍，惟汝等将入人烟稠密之地，恐染此疾。"六月，收到乾隆派人赠送的御用金顶黄轿1乘、红黄伞盖各2顶、幢幡4套、仪仗40件。自此，六世班禅由骑马改乘黄轿。到多伦诺尔时，命御前侍卫丰绅济伦"赐敕书及嵌珠帽、金丝袈裟等物"，并告知班禅，乾隆皇帝五月初已赴避暑山庄，佛的居处须弥福寿之庙已落成，寺内陈设齐备，专待驾至。七月，乾隆又派人赐西瓜、香瓜等水果。

七月二十一日，六世班禅额尔德尼一行在皇六子永瑢和章嘉国师、尚书永贵的陪同下来到了承德，当日至避暑山庄的澹泊敬诚殿朝觐乾隆，并向乾隆皇帝敬献吉祥哈达、无量寿佛及跪请圣安。六世班禅额尔德尼在承德一月有余的时间里，乾隆为他在避暑山庄的万树园举行了四次大型的夜宴，其中包括两次夜晚观火戏（燃放烟花）。夜宴之际举行了具有民族特色的相扑、杂技、赛马、什榜（音乐舞蹈）等文体活动，并在避暑山庄东宫清音阁大戏楼连续演戏至十日。

六世班禅额尔德尼在皇六子永瑢的陪同下，于八月二十六日离开承德，九月初一进驻北京西黄寺。乾隆皇帝并没有陪同六世班禅额尔德尼一行一起回京，而是用了十多天时间，从承德避暑山庄至东陵祭奠后返回京师城外的南苑与班禅大师相见。过后，又用大约十天时间至西陵祭奠后与班禅大师在香山静宜园昭庙会面。清东陵位于京东河北省遵化县瑞昌山脚下，离京大约125公里。清顺治和康熙皇帝陵寝都在东陵。西陵位于北京西南方向河北省易县梁各庄西永宁山下，乾隆的父亲雍正皇帝与乾隆的母亲孝圣皇太后就葬在此陵中，离京大约120公里。为什么在六世班禅额尔德尼一行人来京这么重要的时候，乾隆还要往返奔波于东西二陵祭奠？这和此前在承德及六世班禅额尔德尼一行人东行以来乾隆百般照顾的态度有很大区别。其实这些安排都是乾隆帝为了避免与班禅大师在礼仪上的冲突，乾隆皇帝恰恰是在其奔波于东西陵祭奠的时候，安排六世班禅额尔德尼参观京师各大皇家园林。据《章嘉国师若必多吉传》记载：当班禅大师在圆明园观赏胜景时，章嘉国师对大师说："怪上因前世所发殊胜心愿，为表示对佛教领袖尤其是对你的崇信，才请你到此为园林内外祝福加持。此园是不许其他大臣进入的御花园，由此观之，福田施主前生结有深缘，今日才得以实现，实在奇异。"如果当时乾隆帝在京，那么作为"主人"又是班禅大师的受法弟子，如不陪同则有欠礼数；如陪同，那么许多皇家园林连朝廷重臣都不被准许入内，唯独藏地而来的番僧却能在皇帝的陪同下自由进出，则更不合礼数。因此，乾隆帝就刻意在此期间避离京城，前往东西二陵祭奠，等班禅大师最后在香山昭庙进行开光仪式后一同与大师入京，减少了礼制冲突，又维护了团结，可谓一举两得！

九月初四，六世班禅额尔德尼在皇六子永瑢、章嘉国师的陪同下游览了有着"万园之园"美称的圆明园，乾隆为了这次班禅大师圆明园之行，早在乾隆四十三年（1778）就下令在圆明园最大的一组藏传佛教建筑——月地云居东侧添建"法源楼"。

月地云居，亦总称"清净地"，是圆明园四十景之一，南北长190米，东西宽230米，占地4.3万平方米，建筑面积6100平方米。月地云居一景，原称安佑宫，曾是供奉雍正帝神御之所。乾隆二年（1737）二月御书"安佑宫""清净地""妙证无声""大觉真源""莲花法藏""戒定慧"和"妙群生"匾文，于同年十二月挂讫安佑宫。乾隆三年正月乾隆登基后首次驻跸圆明园，三月二十五日迎奉雍正帝御容于安佑宫，乾隆帝并屡至行礼。乾隆五年至八年，在此景西北旷地另建皇家祖祠安佑宫之后，此处改建成佛寺，乾隆九年六月御书“月地云居”匾，次年六月挂于三世佛殿内。乾隆四十四年（1779）月地云居东侧添建“法源楼”，并亲笔御书“法源楼”匾。同年五月降旨，法源楼匾额四样字，交造办处做铜字，九月中旬自热河回銮时安挂。

六世班禅额尔德尼游览西郊诸多皇家园林时就暂住月地云居景区。班禅大师住月地云居时，其随行僧侣一同前往，其中近侍喇嘛22人住在月地云居东侧新修的法源楼周边房屋内。在月地云居周边支蒙古包一个，账房两个，以备为班禅大师熬茶之用，其余僧侣则在月地云居景区西南门外搭账房居住。乾隆皇帝还安排圆明园内府三旗护军统领及护军轮番演戏，并派内府捕役昼夜在圆明园内巡逻，以确保六世班禅额尔德尼一行人的安全。

根据皇六子永瑢九月初七报给乾隆皇帝的奏折内容记载：九月初四班禅大师一行至长春园含经堂等地游览并参观了西洋楼景区。在参观大水法西洋喷泉后，班禅大师极为赞赏，对陪同的皇六子永瑢说道“此次所见，小僧不仅见所未见，而且闻所未闻，想必额斯润宫亦不过如此。此水法能够喷水，甚属奇特，其如何制造，实难想象，诚属完美之至”。在福海乘坐瀛海飞龙船时，将船楼升高凭观，班禅大师更是赞叹其做工之精巧！九月初五，班禅大师前往圆明园舍卫城和长春园法慧寺拈香，返回月地云居时再次经过大水法，班禅大师登上台阶仔细观赏水法，赞叹不已。九月初六，班禅大师游览完圆明园九州清晏、茹古涵今、长春仙馆等景区后回到黄寺。

班禅大师在圆明园游览这三天期间，凡是经过乾隆皇帝御座时，均合掌献上哈达，在圆明园重要景点或寺庙供佛处，班禅大师均诵念吉祥诗叩献哈达。

十月二十七日，班禅微感不适，乾隆遣御医诊视，发现天花。乾隆亲临问候，并命皇六子永瑢加倍注意病情和饮食状况。十一月初一，班禅高烧，乾隆派人送去貂皮大氅、皮褥等物。当日下午四时，六世班祥圆寂，享年四十二岁。

乾隆厚祭班禅，亲率王公大臣谒灵，由章嘉国师撰写祈祷文，在黄寺内建起灵堂。乾隆四十六年（1781）二月十二日，六世班禅灵柩在理藩院尚书与班禅随从护送下，从京师起程，沿途受到各族群众的礼拜。

二月十三日，首领董五经奉旨：在圆明园月地云居法源楼下明间北墙靠背上用淳化轩预制笺万福流云绿色纸两张，写预制辛丑送圣僧班禅额尔德尼舍利归后藏诗，以志惜诗。

八月下旬，安抵扎什伦布寺，被供奉于该寺建造的银塔之内。

六世班禅额尔德尼作为清代历史上唯一一位曾进京觐见的班禅，生前受到了乾隆帝超越常格的隆重接待和无上尊崇。乾隆皇帝以三世章嘉为师，听其讲受佛法并接受灌顶。他和这位国师在佛法方面发生密切联系的过程，既是他研究藏传佛教理论和教义的过程，同时也是乾隆皇帝信仰藏传佛教的历程。因此，对于六世班禅的到来，乾隆表现了超乎寻常的热情。在六世班禅主持须弥福寿之庙的开光仪式后，陪同乾隆皇帝的三世章嘉活佛，感慨万分地对六世班禅说：我在皇帝身边多年，从未见到他如此高兴过……圣上对您专程来祝寿，是十分满意的，他对您的信仰和喜爱超乎寻常！

六世班禅朝觐乾隆皇帝，密切了清中央政权与西藏地方的联系。增强了西藏地方对祖国的向心力，促进了中华民族的大团结和多民族国家的巩固和发展。这是历史发展的必然趋势，也是乾隆和六世班禅顺应历史潮流的结果。

圆明园月地云居景区在咸丰十年（1860）被英法联军焚毁，今遗址上还保留有四个当年乾隆皇帝为了迎接六世班禅大师的到来，而在清净地山门前添建的牌楼夹杆石，让我们凭吊那段历史。

月地云居

月地云居建筑基址

乾隆与后妃在圆明园

乾隆与孝贤皇后的感情

雍正皇帝登基时，弘历还是皇四子，住在乾清宫东侧的毓庆宫。雍正五年（1727）七月十八日，雍正帝在紫禁城西二所（弘历即位后改名为重华宫）为皇四子弘历和富察氏举行了隆重的结婚典礼。这一年弘历十七岁，富察氏十六岁。富察氏，出生于康熙五十一年二月二十二日（1712年3月28日），满洲镶黄旗人，出身于显赫的官宦世家，察哈尔总管李荣保女，伯父是大学士马齐，保和殿大学士傅恒姊。雍正七年（1729），雍正皇帝又赐长春仙馆作为他们夫妇在圆明园的居处。婚后，这对小夫妻相敬如宾，恩爱逾常。乾隆在当皇子时，就已经娶了福晋、侧福晋、格格等十人。做了皇帝之后，又纳了不少妃嫔。在乾隆皇帝的后妃嫔当中，他最爱的便是他的嫡配富察氏孝贤皇后，终其一生。

孝贤纯皇后像

雍正六年（1728）富察氏生皇长女，雍正八年（1730）六月二十六日生下了弘历次子，雍正帝亲自为其命名为永琏，“琏”字，在弘历看来意味着将来能够继承皇位之意。乾隆三年（1738）十月十二日巳刻永琏就因“偶感风寒”夭亡，年仅九岁，谥“端慧”。雍正九年（1731）五月二十四日生皇三女固伦和敬公主。乾隆二年（1737）十二月初四为富察氏举行皇后册立礼。乾隆十一年（1746）四月初八，已经三十五岁的富察氏又为乾隆生下了皇七子永琮。乾隆很喜欢这位皇子，称赞其为“性成夙慧，歧嶷表异，出自正嫡，聪颖殊常”。可惜这位聪慧异常的皇子，因出痘于乾隆十二年（1747）腊月二十九日身亡，未满两岁。乾隆赐谥“悼敏”，将这位小太子同他的哥哥端慧皇太子永琏一起安葬在了朱华山太子陵园内。

乾隆十三年（1748）春二月，乾隆皇帝携皇后与皇太后第一次东巡到山东登泰山祭祀，之后并到曲阜祭孔。三月初，乾隆皇帝回銮到济南城，在城中受到百姓热烈迎驾，见到济南贡生张廷望的孙子，名永清，年方五岁，却能背诵乾隆皇帝登基前所作的《乐善堂全集》。皇后在两个月前才丧皇子，因而触景伤情。原已疲惫的身心再加上旅途劳顿，使她不胜负荷，感觉身体不适。遂于济南一病不起。而皇后不愿因自己而贻误皇帝的国家重务，更不忍心皇太后为自己的病情担忧，故一再促请皇帝旋辔北还。乾隆沉吟良久，命三月初八日回銮。在山东德州舟次，富察氏撒手人寰，距其皇七子夭折不到三个月。这一天是乾隆十三年三月十一日，富察氏年仅三十七岁，而乾隆三十八岁。

乾隆帝悲恸万分，昼夜兼程亲自护送皇后的梓宫回京，把梓宫停在她生前的寝宫长春宫内，服缟素十二日，并每天到皇后灵前祭酒。乾隆帝抛开清会典的规定，而援引先朝《大明会典》所载皇后丧仪，命天下臣民一律为皇后故世而服丧。并下令，长春宫不再居住任何人，仍按皇后生前居住的样子陈设，并把她的衣冠供放在里面，以表示对贤后的怀念。乾隆未理会内阁，降旨亲自定大行皇后谥号为“孝贤纯”，实无先例。乾隆十三年（1748）三月二十五日，皇后梓宫移殡景山观德殿。乾隆亲临祭酒。此后的初祭、大祭礼、满月礼等到后来皇后梓宫暂奉东直门外静安庄以后的暂安礼、周年礼、二周年礼等，乾隆无不亲临致祭。乾隆十七年（1752）十月二十七日辰时，孝贤皇后葬入裕陵。乾隆帝亲自护送至陵，并临视葬入地宫。从此，乾隆帝每次到东陵谒陵，都要到孝贤皇后陵，给孝贤皇后奠酒赋诗。

长春宫

乾隆与慧贤皇贵妃的感情

慧贤皇贵妃，高佳氏，满洲镶黄旗人。初隶包衣，河道总督、大学士高斌女。雍正十二年（1734）三月初一，钦奉雍正帝谕旨，成为宝亲王侧福晋。雍正十三年（1735）九月二十四，刚即位二十一天的乾隆帝就封高佳氏为贵妃，仅次于中宫皇后富察氏。同时下令将高佳氏母家从包衣佐领下拨归满洲镶黄旗。当时因为是清世宗大丧期内，所以册封礼推迟了二十七个月，到乾隆二年（1737）十二月初四才举行。乾隆十年（1745）正月二十三日晋封皇贵妃。

慧贤皇贵妃

乾隆十年（1745）元旦，正是佳节喜庆之日，未想到高佳氏竟得了重病，卧床不起。乾隆帝去看望她时，高佳氏语重心长地嘱咐乾隆帝要自爱，不要悲伤，当皇帝很不容易，情真意切，使乾隆皇帝很受感动。虽经全力医治，但病势日渐沉重。为了报答这位侍奉自己二十年之久的爱妃，在正月二十三日晋封高佳氏为皇贵妃，可是刚过两天，就在正月二十五“填仓日”这天，高佳氏病逝于圆明园茹古涵今景区内的韶景轩。第二天乾隆就赐谥她为慧贤皇贵妃。为了悼念爱妃，乾隆帝写了多首挽诗。她的金棺暂安在静安庄殡宫，乾隆十七年（1752）十月二十七日，慧贤皇贵妃金棺与哲悯皇贵妃金棺，一同随孝贤皇后梓宫奉移安葬于清东陵裕陵地宫。

慧贤皇贵妃在圆明园的居所——茹古涵今

乾隆十四年（1749）弘历在慧贤皇贵妃四周年忌日“填仓日”诗句中云：

已是伤神日，尤然韶景春。三年才过忌，周岁又思人。

悲喜何曾定，平生难具陈。无心饶苑卉，特地更怀新。

（纯皇自注：圆明园内韶景轩，慧贤皇贵妃所居也，妃以丙寅年填仓日仙逝绕逾三年，而孝贤皇后天游又将浃岁，遇节兴悲，亦情之不能已也。）

香妃与圆明园

清朝历史并无“香妃”这个封号，“香妃”之名的广泛流传是在清王朝灭亡以后。传说此女生而体有异香，不假熏沐，称之为“香妃”。不过乾隆朝确实有一位维吾尔族妃子，封号是“容妃”。

传说中的香妃画像

容妃，姓霍卓氏（又作和卓氏），名伊帕尔罕，维吾尔族人。生于雍正十三年（1735）九月十五日，阿里和卓之女。乾隆二十二年（1757），回部大、小和卓发动叛乱，清朝派兵入回疆平叛，伊帕尔罕的五叔额色尹、哥哥图尔都配合清军作战，立了战功，乾隆二十四年（1759）平叛之后，乾隆封额色尹为辅国公，封图尔都为一等台吉（仅次于辅国公的爵号），次年，图尔都送妹妹伊帕尔罕入宫，以示联婚友好。乾隆二十五年（1760），图尔都等五户助战有功的和卓，及霍集斯等三户在平乱中立功的南疆维吾尔上层人士应召陆续来到北京，拜见高宗皇帝。乾隆令他们在京居住，并派使者接他们的家眷来京，封图尔都等为一等台吉。图尔都二十七岁的妹妹也被选入宫，册封为和贵人（香妃）。显然，这是乾隆皇帝统一新疆后，实行“因俗而制”的政治需要，即政治联姻。

乾隆二十六年（1761）十月封容嫔，乾隆三十三年（1768）六月初封容妃。乾隆携容妃等六位妃嫔东巡，游历泰山，拜竭孔庙。由于乾隆三十一年（1766）乌喇那拉氏皇后亡故，乾隆声称不再立后；乾隆四十年（1775），皇贵妃病逝，因此，到这个时候，容妃在乾隆的众多后妃中已处于举足轻重的地位。乾隆四十六年（1781）正月十五日，皇帝在圆明园奉三无私殿设宴会餐，容妃已入主了西边头桌的首位，到同年十二月乾清宫大宴，容妃又升格到了东边坐桌的第二位。这时，容妃已四十八岁，到了她地位与殊荣的顶峰。乾隆五十三年（1788）四月十九日，容妃在圆明园离世，享年五十五岁。四月二十九日灵柩移至静安庄，九月二十五日卯时葬入清东陵纯惠皇贵妃园寝容妃地宫。

位于东陵的容妃墓地宝顶

据法人亚乐园著《十八世纪耶稣会士所做圆明园工程考》一书记载，方外观当时被乾隆帝改成了香妃（容妃）做礼拜的清真寺，“室内安放着两块伊斯兰教的碑文，在直径为四尺的白色大理石上，雕刻有阿拉伯碑文。这两石碑已不复存在，但其碑文已被复制下来：‘奥斯芒爱上帝，上帝爱奥斯芒。’‘阿利爱上帝，上帝爱阿利。’”但从伊斯兰教的历史看，圣人穆罕默德归真后，其事业先后由艾卜·伯克尔、欧麦尔、奥斯曼和阿立四大哈里发（意即安拉使者的继任人）继承。而奥斯曼和阿立是第三、第四任哈里发。这样看还应该有两块石碑分别刻有艾卜·伯克尔和欧麦尔的名字才对。不写第一、二任，只写第三、四任哈里发的尊名是不合伊斯兰教常理的。另外，在阿拉伯文的翻译上应该是“安拉慈悯阿立”“安拉慈悯艾卜·伯克尔”才较为合适。

乾隆二十四年（1759）闰六月方外观建成，在方外观建成后两年的乾隆二十六年（1761）十月霍卓氏被封容嫔，应该是这个时候乾隆将方外观改造成为清真寺的。每次香妃在方外观做礼拜，乾隆都不打扰，也不进入，而是在方外观南面的五竹亭内休息等候，这点也可以看出乾隆对宗教的尊重和理解。

铜版图：方外观

方外观遗址

奉三无私殿的宗亲宴

奉三无私殿，位于清帝寝宫区“九州清晏”一景，为圆明园三大殿之一。圆明园盛期，清帝每于正月十四、十五、十六三日连设三种筵宴，是谓“上元三宴”。其中照例在十四日，首先于奉三无私殿宴请宴宗室。

奉三无私殿

清代宗室宴，亦称宗亲宴、亲藩宴，实即皇室家宴。由皇帝钦点皇子皇孙及近支王公入宴。宗室宴，规模中等者可入宴百余人，但这种百余人参加的宗亲宴乾、嘉两朝也仅各有一次而已，其中乾隆四十八年（1783），在故宫乾清宫普宴宗室，入宴者近两千人，极一时之盛。但通常在圆明园奉三无私殿举行的宗亲宴规模较小。此类宴赏每年新正基本上有两次，即元旦在大内乾清宫，上元前一日在圆明园奉三无私殿。

奉三无私殿宗室宴，乾隆朝共举办过42次。入宴者初为亲郡王贝勒，后改为皇子皇孙及诸王，从乾隆五十一年（1786）起增加皇曾孙，五十四年起又增其玄孙（因避康熙皇帝玄烨的名讳，时称元孙），成为五代同堂宴。

清代宗室宴，有一条定规：凡皇子、皇孙、皇曾孙辈，只有在娶媳之后，始准参加节宴，唯独在乾隆皇帝喜得元孙载锡之后，为了庆衍瓜绵“天家盛事”，破例特允其6虚岁读书时即可入宴。乾隆五十四年（1789），载锡刚到入学之年，乾隆就让他在奉三无私殿首与家宴，拜跪如仪，终于实现了企盼已久的“五代同堂之庆”。纵观中国历史上下五千年，封建君主得以五代同堂者唯乾隆一人，而其首次“五代同堂宴”正是圆明园奉三无私殿。这不失为一段难得的千古佳话。

嘉庆元年（1796）正月十四日，已经是太上皇的乾隆同新皇嘉庆帝在奉三无私殿，宴赏近支亲藩及皇子、皇孙、皇曾孙、皇玄孙时，嗣皇帝用他当天南郊祈谷大祀的福酒，捧觞躬进太上皇，弘历亦回赐嗣皇帝福酒，并吟诗曰：“福酒钦为父子斟。”

圆明园与《十二月禁籞图》

古代人们的活动都遵循四季时令，《礼记·月令》将乐律和历法联结，一年十二月与十二律相配，如“太簇”对应孟春之月，即农历正月。清宫《内务府造办处活计文件》详细记录了《十二月禁籞（yù）图》的制作时间与过程，乾隆十三年（1748）七月“交宣纸十二张，御制十二个月诗十二首，传旨如意馆画家沈源、丁观鹏、余省、周鲲合画起稿呈览”。皇帝指定院画家合作，画家依据其中诗意，以十二律命题，每人各绘三张。《石渠宝笈》三编养心殿中收录有此十二幅画轴。整组图轴现皆收藏于台北“故宫博物院”。

《十二月禁籞图》中有五幅描绘的是圆明园的景观，分别是余省绘的“镂月开云”三月景轴、周鲲绘“福海东岸”六月景轴、沈源绘“勤政亲贤”七月景轴、余省绘“两峰插云”九月景轴、周鲲绘“九州清晏”十月景轴。

《十二月禁籞图》分四部十二轴：

（一）御制十二月令，春部：太蔟始和，正月。夹种嘉候，二月。姑洗昌辰，三月。

（二）御制十二月令，夏部：中吕清和，四月。蕤宾日永，五月。林钟盛夏，六月。

（三）御制十二月令，秋部：夷则清商，七月。南吕金行，八月。无射高旻，九月。

（四）御制十二月令，冬部：应钟协律，十月。黄钟畅月，十一月。大吕星回，十二月。

“姑洗昌辰”　余省　绘

179.2厘米×106.1厘米；全幅137厘米。此景描绘的是圆明园四十景之一的“镂月开云”景区，是十二月令中的三月景。现存台北“故宫博物院”。

图轴乾隆御制诗为：

季春御园三首（之二）
昼长人静读书楼，座有兰芬古与谋。
佳景环中惟自会，韶光户外倩谁收。
营巢得意梁头燕，命侣忘机水上鸥。
出岫白云归亦得，也无欢喜也无愁。

"林钟盛夏" 周鲲 绘

《十二月禁籞图》之六月景轴，描绘的是圆明园福海东岸的景观。

“夷则清商” 沈源 绘

《十二月禁籞图》之七月景轴，描绘的是圆明园勤政亲贤生秋亭的景观。

"无射高旻"　余省　绘

《十二月禁籞图》之九月景轴，描绘的是圆明园福海北岸"两峰插云"的景观。

“应钟协律” 周鲲 绘

《十二月禁籞图》之十月景轴，描绘的是圆明园“九州清晏”“圆明园”殿的景观。

《十二月令图轴》之“适逢阳春三月三”（曲水流觞）

顺木天与柳宗元《种树郭橐驼传》

顺木天在圆明园紫碧山房景区东部，是座八方二十四柱的高台大亭，东西南北四面皆设踏垛，外围环以清溪，东西各架一座石平桥。八方亭外檐悬乾隆御书“顺木天”三字匾。乾隆二十四年（1759）《学圃杂兴五首》有句云：“樊迟请学圃，子云小人哉。偶观自无碍，町畽左右开。顺木为政方，佐谷祈年怀。”乾隆二十六年（1761）“景晖楼”诗亦注曰：“是处艺果种蔬，亭曰顺木天，圃曰学圃。”惟乾隆十五年（1750）“学圃”诗即有“成此十年计，况复灌溉便。郭橐有名论，惟以顺木天”句，但不知顺木天亭究竟建于乾隆何年。

顺木天亭名取自《种树郭橐驼传》“橐驼非能使木寿且孳也，能顺木之天以致其性焉尔”之句。“顺木天”的意思是种树要顺应树木的自然生长规律，使它按照自己的本性成长，拓展到管理百姓，就是要与民休息，尊重发挥人们的主观能动性，不要管得太多，好心办坏事。乾隆皇帝也认为“顺木天”是治理百姓的好方法，因此命名了这座八方亭。

顺木天亭

因为地处边远，所以躲过了英法联军大火。这张老照片拍摄于1882年前后，是法国人谢满禄（Semallé）拍摄的，当时此亭保存完好。但此亭最终还是毁于1900年。

亭子外檐悬乾隆御书“顺木天”三字匾

退位太上皇

乾隆六十年（1795），是乾隆皇帝以“皇帝”名号在位的最后一年。这一年皇帝整整八十五岁了，他之所以决定“周甲归政”，传位于皇太子，并不是因为年事已高，厌倦了政事的辛劳。说起来让人怎么也不好理解，皇帝为的是实践六十年前的一句诺言。据皇帝自己说，他临御天下之始，即“焚香默祷上天”道：“若蒙眷佑，俾得在位六十年，即当传位嗣子。”为什么把自己在位的时间，预先就限制在六十年呢？皇帝解释说，皇祖康熙皇帝纪元六十一年，自己不敢上同皇祖。在乾隆的心目中，如果不是皇祖的深爱神知，默定于前，也就不会有他承继皇统的一天。

晚年的乾隆皇帝

乾隆首次公开讲要归政退闲，是在乾隆三十七年（1772）十一月向皇子们下达的一通谕旨，谕称：“皇十五子（永琰，即后之嘉庆皇帝）年已长成，经赏与端罩，致祭奉先殿亦开列。皇子原与外间王公有间，一切服用悉如亲王。现在皇子中四阿哥、六阿哥俱晋封郡王，其俸银及护卫官员自应视其爵秩，而一应服用仍应照皇子之例，俟朕八旬开六归政时，再各按爵秩，方为久协。”

这一年十五阿哥永琰十三岁，第二年冬，就被密定为皇太子。归政一事，已在皇帝胸中切实开始了安排。与此同时，皇帝为归政后便于悠游颐养，加紧了长春园含经堂的修建工程，又下令在紫禁城内预葺宁寿宫，两处均是乾隆所备养老之所。

乾隆六十年（1795）九月初三，乾隆在圆明园勤政殿召见皇子皇孙、王公大臣，将乾隆三十八年（1773）亲自书写缄藏的传位密旨当众开启，上面赫然写着“立皇十五子永琰为皇太子”。

皇帝随后又陆续降旨：

以明年为嗣皇帝嘉庆元年；

皇太子永琰，上一字“永”改书“颙”字，即日移居大内毓庆宫，以定储位；

皇太子生母令仪皇贵妃魏氏，追赠为“孝仪皇后”，升祔奉先殿，列孝贤皇后之次；

归政后，乾隆皇帝称“太上皇帝”，太上皇谕旨称为“敕旨”；太上皇仍自称“朕”；

太上皇帝生日称“万万寿节”，嗣皇帝生日称“万寿节”；

嗣皇帝登极后，主持处理“部院衙门并各省具题章疏及引见文武官员”等“寻常事件”，“凡遇军国大事及用人行政诸大端”，则太上皇“躬亲指教”，嗣皇帝“朝夕敬聆训谕”；

来京陛见的文武大员，以及新授道府以上官员，要到太上皇处谢恩，并恭请训示。

据乾隆称“太上皇之称始于汉高祖之奉其太公”。《史记》记载，高祖六年时，刘邦看到父亲像大臣一样行礼，大惊失色，于是尊父亲为太上皇。虽然刘太公当上了太上皇，但没有像样的太上皇宫，这只是礼仪上的称呼而已。历史上做太上皇的人命运各不相同，有的是皇帝封的，有的是被迫退位的，有的是自愿退位的。

唐高祖武德九年，李渊的次子李世民发动玄武门兵变，杀死了自己的长兄（当时的皇太子李建成）和四弟（当时的齐王李元吉），迫使父亲退位，李世民尊奉父亲为太上皇，并为父亲建造了太上皇宫，但宫殿规模不大。

公元755年，安史之乱暴发，次年叛军逼近唐都长安，已做了45年皇帝的七十一岁高龄的李隆基在仓皇之中西逃成都。但他仍舍不得放弃帝位。当时承担抗击叛军重任的太子李亨在距长安千里之外的肃州灵武宣

含经堂（复原图） 张宝成 绘

布即位，同时根据祖宗先例，遥尊远在成都的李隆基为太上皇。安史之乱平定后，李隆基回到长安，不得不承认这个既成事实。

北宋徽宗赵佶不思北上收复失地，却于宣和七年（1125）宣布退位于太子赵桓，但他的太上皇生活才刚刚开始两年后他就为金兵所俘虏。徽宗并没有为自己修建太上皇宫。

建立南宋政权的高宗赵构，由于宋朝开国皇帝赵匡胤将位传给弟弟赵光义，因此开国200余年他的嫡系子孙一直没有人做过皇帝，为此朝野中常常有各种议论。尤其是金兵压境、局势危急之时，满朝文武大臣越来越倾向于让赵匡胤的后裔尽快担负护国重任，做了35年皇帝的赵构在各方压力下不得已宣布禅位于太子赵昚，是为孝宗。孝宗做了27年皇帝后，在内忧外患中将位传于赵惇（宋光宗），自己也做起了太上皇。孝

宗成为宋朝历史上第三位太上皇。孝宗做了6年太上皇，而高宗做了26年太上皇，是在此位上坐得最长的太上皇。

公元1449年，蒙古族瓦剌部进犯明朝北部边疆，前锋很快逼近大同。在宦官王振的鼓动下，明英宗率50万大军亲征瓦剌。明军由于指挥不灵，行动迟缓，在土木堡被瓦剌军包围，明英宗被俘。留在都城的兵部尚书于谦等拥立郕王朱祁钰为帝（明代宗），遥尊英宗为太上皇。

历史上的太上皇，乾隆没有一个看得上的。乾隆诗曰：“宛看宁寿落成吟，汉唐太上那须数。”并于诗中注释说：“太上皇之称始于汉高祖奉其太公，本不足比数。唐太宗兴兵逼父让位，更为逆伦。睿宗在位未一年，即因定乱传位明皇，及明皇幸蜀，传位肃宗，皆迫于势之无可如何，均无足称道也。”同样，历史上的太上皇宫，乾隆亦鄙视之。

乾隆禅让皇位于嘉庆不久，太上皇即通过敕旨，明白无误地宣告：“大事还是我办！”

嘉庆元年（1796）正月十九日黎明，朝鲜进贺使李秉模接到礼部知会，急速前往圆明园，太上皇帝在“山高水长”召见朝鲜、安南、暹罗等国使臣。当朝鲜使臣午后赶到这里时，太上皇即命前来觐见。朝鲜使臣李秉模记述了乾隆以太上皇身份召见属国来使的情况：“礼部尚书德明引臣等及冬至正、副使至御榻前跪叩，太上皇帝使阁老和珅宣旨曰：‘朕虽然归政，大事还是我办。你们回国，问国王平安。道路辽远，不必差人来谢恩。’通官以我国音传于臣等。”李秉模回国后，还向朝鲜国王汇报了太上皇召见时侍坐一旁的嘉庆皇帝的状貌举止：“新皇帝状貌和平洒落，终日宴戏，初不游目，侍坐太上皇，上皇喜则亦喜，笑则亦笑。”

进入嘉庆三年（1798）以后，太上皇的身体并未见有什么异常。五月十一日，太上皇携嗣皇帝自圆明园启銮巡幸热河，原来准备在避暑山庄度过八十八岁生日后，仍照前例进哨木兰行围，但太上皇以“今年哨内雨水过多，降霜已早”为由，敕谕本年暂停进哨。八月十三日，太上皇在避暑山庄度过了八十八岁“万万寿圣节”，亦即平生最后一次诞辰后，就带嗣皇帝启銮回京了。

回銮京师后，太上皇一直住在圆明园，他可能有某种预感：要与自己惨淡经营一生的圆明园诀别了，因此，终日在园中盘桓而不忍离去，直到立冬，才回到紫禁城内的皇宫。这次离别果然是乾隆与圆明园的诀别。

进入岁末，八十八岁高龄的太上皇就因感受风寒，身体大觉不适。乾隆素来身体健康，一生很少患病，见于正式记载的，只有乾隆四十八年（1783）夏，因“气滞旧患”发作，北郊祭地大祀才派皇六子永瑢恭代行礼，但圣躬很快调理复原了。眼看已经到了岁末年初，庆典频频，嘉庆皇帝与和珅、福长安等近臣都力劝太上皇节劳遵养，但太上皇仍撑持参加了除夕在重华宫举行的筵宴，还在漱芳斋接见了朝鲜、暹罗的使臣。嘉庆四年（1799）正月初一，照例在太和殿举行的朝贺大典临时改在了乾清宫，由于殿庭比较狭窄，嘉庆皇帝率诸王贝勒及二品以上大臣在殿门内行礼，三品官员和属国使臣只能在门外行礼，他们未能目睹太上皇最后的容颜。

嘉庆四年正月初三（1799年2月7日），天色向暮，太上皇帝乾隆也走完了他漫长的人生旅途。

“太上皇帝”圆玺与印面

此圆玺为乾隆皇帝八十五岁改当太上皇帝时制造，乃乾隆皇帝二十多方“太上皇帝”御玺中唯一一枚圆形宝玺。以温润乳白的白玉精琢而成，印面以篆体浅阳雕“太上皇帝”四字，玺四周阴刻乾隆帝《自题太上皇宝》御题诗，极为尊贵。玺顶则阳雕八卦中的“乾”字，和与“隆”字同音的双螭龙纹，并以浅泥色入色渗以仿古玉之效，玺壁通体则阴刻“自题太上皇帝之宝”御制诗，诗云：“由古来云太上皇，徽称懿号谓非当。即斯六袟庆犹幸，加以双文愧莫遑。自问生平奚立德，永言绳继祝丕昌。窗明几净西铭读，恰合随时爱景光。”这是乾隆成为太上皇一个月后，专门为刚制作好的“太上皇帝”玺而作的。

“归政仍训政”之宝

叁　嘉庆与圆明园

嘉庆名颙琰，为乾隆第十五子，清入关后的第五代皇帝，乾隆二十五年（1760）十月初六日生于圆明园天地一家春。颙琰为皇子时被乾隆赐居于后湖东岸的天然图画五福堂，他和十一兄成亲王永瑆关系交好，二人经常一同随驾巡视，射猎游赏，评诗品画，唱和赠答。成亲王寓所为西爽村（后属绮春园范围），颙琰“常拈吟较射于其中”。

颙琰在位期间，除了于嘉庆四年、五年（1799、1800）在宫居丧，其余年份驻宫、驻园时间相对稳定，在园时间平均为162天。最多的是嘉庆十九年（1814），247天，最少的是嘉庆元年（1796），111天。嘉庆曾谕曰：“我皇祖世宗宪皇帝勤求治理，整饬官联。自是以后，圆明园奏事文职衙门轮为九班，武职衙门轮为十班。我皇考纯皇帝遵行六十余年。朕嗣统二十年以来，亦恪遵不懈。诚以我朝家法，勤政为先，驻跸御园，与宫内办事，无一日稍闲。”这里“御园”一语专指圆明园。

乾隆在圆明园宣布传位给十五子颙琰

乾隆六十年（1795）九月初三日，乾隆在圆明园勤政殿召见皇子皇孙、王公大臣，公阅乾隆三十八年（1773）立储密旨，立皇十五子永琰（为避讳改称颙琰）为皇太子，即日起移居毓庆宫以正储位。次日，永琰及诸皇子、王公大臣交章上奏，恳请乾隆收回改元退位成命继续担任皇帝，乾隆未允。颙琰于嘉庆元年（1796）正月初一受乾隆禅让而正式继位。

本来在立颙琰为皇太子之前，乾隆先后立过三个皇太子。第一个皇太子叫永琏，是皇后富察氏所生，乾隆很喜欢，就册立永琏为皇太子。书写立储的密旨，就收藏在乾清宫的正大光明匾的后面。但是永琏活了九岁就死了。于是乾隆又立第二个皇太子叫永琮，永琮福分也不够，立了两年就得病夭亡。后来乾隆才立了第三个皇太子，就是皇十五子永琰，一个因为他年龄大一点，吸取原来两个皇太子死得过早的教训，还有一个原因，就是永琰为人比较仁厚，性格比较宽厚，所以后来嘉庆死了之后，谥号清仁宗，突出一个“仁”字。

但嘉庆继位后并不能独断朝纲，当了太上皇的乾隆仍掌握着最高决策权。这种特殊经历，使嘉庆很难摆脱乾隆时期形成的定式。乾隆时期的一切似乎都以其惯性在嘉庆朝向前滚动。嘉庆元年（1796）正月十四日，太上皇于圆明园赐皇子亲藩等宴，一连三日皆如此，嘉庆均在旁用心侍奉。据朝鲜使臣记载，正月十九日，太上皇在圆明园召见各属国使臣。赐宴之时，嘉庆“侍坐上皇之侧，只视上皇之动静，而一不转瞩”。朝鲜使者直言，当其时，内廷用乾隆年号，外廷用嘉庆年号，嘉庆还多次随太上皇一同出巡，如嘉庆元年三月初六日，嘉庆侍奉太上皇往谒东陵、西陵，二十一日返回圆明园；嘉庆元年五月十八日，嘉庆侍太上皇至避暑山庄举行木兰秋狝，于九月初三日返回圆明园。嘉庆二年（1797），嘉庆皇后喜塔腊氏病逝，因太上皇居住在圆明园，嘉庆特命七日内圆明园内王大臣等俱着常服，不必穿孝服，以示“崇奉皇父孝恩川”。

嘉庆皇帝读书像

颙琰童年像

清嘉庆二十年（1815）十二月初一日，在长春园思永斋内偶然发现了一幅通景画，描绘的正是乾隆皇帝弘历的妃子及当今皇帝颙琰童年时的画像。画中上为仙楼，下为居室，儿童时代的颙琰白白胖胖，一双大眼炯炯有神，在他身旁是一位穿着华贵、年轻貌美的女子。按常理推测，这位美丽的妃子应是颙琰的生母、乾隆帝的令贵妃魏佳氏。但是魏佳氏很早便离开了人世，颙琰曾受庆妃陆佳氏抚育，所以画中美人也可能是庆妃陆佳氏。

乾隆帝非常重视皇子的教育，特意挑选了大学士鄂尔泰、张廷玉等担任皇子的师傅。诸多师傅之中，学识广博、品行端方的朱珪最受颙琰敬重。颙琰把自己的书房取名为“味余书室”，并写有一篇《味余书室记》，表示牢记朱珪师傅“勤学有余”的教诲。颙琰始终以“知不足”自勉，告诫自己学无止境，他给自己的另一处书斋取名为“知不足斋”。从皇子时代直至登极后，他始终如一地以此自勉，并将“知不足”制成玺印，钤盖于书卷之上。可以说，颙琰的读书学习生活为他后来统治庞大的帝国打下了坚实的基础。

铲除和珅

和珅（乾隆十五年—嘉庆四年正月十八日，1750年—1799年2月22日），原名善保，字致斋，钮祜禄氏，满洲正红旗二甲喇人。曾兼任多职，封一等忠襄公，任首席大学士、领班军机大臣，兼管吏部、户部、刑部、理藩院、户部三库，还兼任翰林院掌院学士、《四库全书》总裁官、领侍卫内大臣、步军统领等要职。

乾隆时期，和珅可以说是一人之下，万万人之上，满朝文武，无人能与之抗衡。嘉庆元年（1796），乾隆皇帝举行禅位大典，把皇位传给皇十五子嘉亲王颙琰，自己则当上了太上皇。但是，乾隆并没有放弃权力，规定凡遇军国大事、用人行政之大端都要亲自过问，和珅也就仍然得以专权。嘉庆二年（1797），领班军机大臣阿桂病故，和珅顺理成章地成了领班军机大臣。和珅在军机处说一不二，可以任意呼风唤雨了。加之，乾隆日益老迈，记忆力下降，“昨日之事，今日辄忘，早间所行，晚或不省”。和珅出纳帝命，口衔天宪，颐指气使，为所欲为，“封擅甚于前日，人皆侧目，莫敢谁何”。

嘉庆四年正月初三日（1799年2月7日）辰刻，太上皇乾隆寿终正寝，和珅的靠山顷刻间倒下了，嘉庆也就无所顾忌了。但是，嘉庆并没有马上对和珅动手，当天还任命和珅与睿亲王淳颖等一起总理太上皇丧仪大事。

正月初四，嘉庆专门发了一道上谕，谴责前方镇压白莲教起义的将帅“惟思玩兵养寇，藉以冒功升赏”，矛头已直指后台的和珅。当天，即突然解除了和珅、福长安的军机大臣之职，命其昼夜在大内守灵，不许出入，隔断二人与外界的联系，将其软禁在宫中。

正月初八，在公布太上皇乾隆遗诏的同时，嘉庆宣布革除和珅、福长安的一切职务，交由刑部收监，并命成亲王永瑆、仪亲王永璇、额附拉旺多尔济、定亲王绵恩及大学士刘墉、董诰，兵部尚书庆桂等负责查抄其家产，会同审讯。

正月十一日，在初步查抄、审讯后，嘉庆宣布了和珅的二十大罪状。

正月十八日（1799年2月22日），在京文武大臣会议，奏请将“和珅照大逆律凌迟处死，福长安照朋党拟斩，请即行正法”。嘉庆表示，和珅罪有应得，怎么处治都不过分，但考虑到他曾任首辅大臣，为国体起见引入议亲议贵之条，免其肆市，加恩赐令自尽。福长安改为斩监候，但要让他在牢房里跪视和珅自尽。

附 嘉庆皇帝列举的和珅二十大罪状

朕于乾隆六十年九月初三日，蒙皇考册封皇太子，尚未宣布谕旨，而和珅于初二日，即在朕前先递如意，漏泄机密，居然以拥戴为功。其大罪一。

上年正月，皇考在圆明园召见和珅，伊竟骑马直进左门，过正大光明殿，至寿山口，无父无君，莫此为甚。其大罪二。

又因腿疾，乘坐椅轿，抬入大内，肩舆直入神武门，众目共睹，毫无忌惮。其大罪三。

并将出宫女子，娶为次妻，罔顾廉耻。其大罪四。

自剿办教匪以来，皇考盼望军书，刻萦宵旰。乃和珅于各路军营递到奏报，任意延搁，有心欺蔽，以致军务日久未竣。其大罪五。

皇考圣躬不豫时，和珅毫无忧戚。每进见后，出向外廷人员叙说，谈笑如常，丧心病狂。其大罪六。

昨冬皇考力疾披章，批谕字画，间有未真之处。和珅胆敢口称“不如撕去，竟另行拟旨”。其大罪七。

前奉皇考谕旨，令伊管理吏部、刑部事务，嗣因军需销算，伊系熟手，是以又谕令兼理户部题奏报销事件。伊竟将户部事务一人把持，变更成例，不许部臣参议一字。其大罪八。

上年十二月内，奎舒奏报循化、贵德二厅，贼番聚众千余，抢夺达赖喇嘛商人、牛只，杀伤二命，在青海肆劫一案，和珅竟将原奏驳回，隐匿不办，全不以边务为事。其大罪九。

皇考升遐后，朕谕令蒙古王公未出痘者，不必来京。和珅不遵谕旨，令已、未出痘者，俱不必来京。全不顾国家抚绥外藩之意，其居心实不可问。其大罪十。

大学士苏凌阿，两耳重听，衰迈难堪，因系伊弟和琳姻亲，竟隐匿不奏；侍郎吴省兰、李潢，太仆寺卿李光云，皆曾在伊家教读，并保列卿阶，兼任学政。其大罪十一。

军机处记名人员，和珅任意撤去。种种专擅，不可枚举。其大罪十二。

昨将和珅家产查抄，所盖楠木房屋，僭侈逾制，其多宝阁及隔断式样，皆仿照宁寿宫制度。其园寓点缀，竟与圆明园蓬岛、瑶台无异，不知是何肺肠！其大罪十三。

蓟州填茔，居然设立享殿，开置隧道，附近居民有"和陵"之称。其大罪十四。

家内所藏珍宝，内珍珠手串竟有二百余串，较之大内多至数倍，并有大珠，较御用冠顶尤大。其大罪十五。

又宝石顶并非伊应戴之物，所藏真宝石顶有数十余个，而整块大宝石不计其数，且有内府所无者。其大罪十六。

家内银两及衣服等件，数逾千万。其大罪十七。

且有夹墙藏金二万六千余两，私库藏金六千余两，地窖内并有埋藏银两百余万。其大罪十八。

附近通州、蓟州地方，均有当铺、钱店，查计资本，又不下十余万。以首辅大臣，与小民争利。其大罪十九。

伊家人刘全，不过下贱家奴，而查抄赀产，竟至二十余万，并有大珠及珍珠手串。若非纵令需索，何得如此丰饶！其大罪二十。

（以上见《清仁宗睿皇帝实录》嘉庆四年正月甲戌）

嘉庆列举的和珅二十大罪状中有两条与圆明园有关，分别是第二条和第十三条。

第二条说的是嘉庆三年（1798）正月十四日，太上皇乾隆在圆明园召见和珅时，和珅竟然从正大光明骑马到前湖的寿山口才下马步行。当和珅入狱被审讯的时候，提及此事，和珅自己的解释为"一时急迫"。

如果说这条可能当时太上皇确实有紧急的事情召见和珅，和珅“一时急迫”也算情有可原的话，那另一条涉及圆明园的罪状就无法原谅了。

正大光明殿

第十三条的“其园寓点缀，竟与圆明园蓬岛、瑶台无异”说的就是和珅在圆明园附近的花园——淑春园（今天的北京大学未名湖一带）。和珅在任职期间，用贪污得来的钱，把自己的府第建造得富丽堂皇，其府宅仿照故宫宁寿宫修建，其花园则按照圆明园四十景之一的蓬岛瑶台修建。这在等级森严的封建社会是绝对不允许的事情。仅此一条，嘉庆凌迟和珅都不过分。和珅死后，其花园“淑春园”被嘉庆赏给其弟弟，乾隆第十七子庆僖亲王永璘。

蓬岛瑶台

继续经营圆明、长春二园

大清王朝进入嘉庆朝后，财力和国力均显出下滑趋势，嘉庆皇帝虽然还能勉强支撑着大清王朝，但无论是心情还是品位都已经无法达到他父亲时代的境界了。而且嘉庆对父亲的威严和影响还是有所顾忌，并不敢大规模地改造或扩建其营造了一辈子的圆明和长春二园，而是把过多的精力放在自己独立设计和经营的绮春园上。在圆明和长春二园的建造和改造上只是进行了局部的改建和修缮。

圆明园方面分别是：

嘉庆八年（1803），修缮和添加了“别有洞天”景区的“写琴书屋”“玉荣山馆”；

嘉庆十六年（1811），添加武陵春色的恒春堂戏台；

嘉庆十六年（1811），将平湖秋月正殿改为三卷式大殿；

嘉庆二十一年（1816），将北远山村乾隆时期的临河群楼改建为五间两卷抱厦大殿课农轩；

嘉庆二十四年（1819），改造接秀山房景区，建造了三卷大殿的“观澜堂”。

长春园方面分别是：

嘉庆十三年（1808），改造茜园东部，建成“碧静堂”；

嘉庆十五年（1810），修缮鉴园；

嘉庆十六年（1811），大规模重修如园并御制《重修如园记》；

嘉庆十七年（1812），御制《如园十景》；

嘉庆十九年（1814），改造淳化轩东侧，添盖戏台、扮戏房、改建看戏殿。

长春园如园十景之一的“转翠桥”石碑

为嘉庆皇帝御笔，拍摄时间为20世纪20年代，此碑现已下落不明。

大规模扩建绮春园

嘉庆皇帝是扩建绮春园的主角。继康乾盛世之后，嘉庆皇帝也希望能像其父亲那样继续扩建圆明园，并于嘉庆五年（1800），把从盐政中得到的十万两白银用于绮春园的扩建工程，广储司也曾拨给圆明园五万两白银作为储备金。仅嘉庆十四年（1809），绮春园就完成了173间厢房、260条廊道、6座亭子的建造，总共花费白银三十三万两。

绮春园早期曾是清怡亲王允祥赐邸，名为“交辉园”。到乾隆中期该园又改赐给大学士傅恒及其子福康安，易名“春和园”。于乾隆三十五年（1770）正式附于圆明园。乾隆三十九年（1774）设置管园总领。当时园内殿宇间有倾圮，仅做零星修缮，乾隆帝尚未在此园居。乾隆时期的绮春园除宫门和正觉寺以外，几乎没有什么大型建筑，只有一些小型的亭台楼阁点缀其间，如浩然亭、涵远斋、知乐轩、联晖楼、竹园、双寿寺、庄严法界、环秀城关等。乾隆皇帝甚至连一首描写绮春园的诗句也没有留下来。

嘉庆帝即位以后的嘉庆四年（1799）和嘉庆十六年（1813），又将绮春园西部的两处王公园邸并入官家：一是成亲王永瑆的赐园西爽村，一是庄敬公主下嫁时的赐园含晖园。

嘉庆十四年（1809）绮春园内新添勤政殿、烟雨楼、凤麟洲、鉴碧亭、涵秋馆；嘉庆十九年（1814）又建成含辉楼、招凉榭、惠济祠、畅和堂、湛清轩等。绮春园经过大规模修缮、改建和扩建后，成为嘉庆帝园居活动的主要场所之一。嘉庆先有“绮春园三十景”诗，后又陆续新成20多景，当时比较著名的园林景群有敷春堂、清夏斋、涵秋馆、生冬室、四宜书屋、春泽斋、凤麟洲、蔚藻堂、中和堂、碧享、竹林院、喜雨山房、烟雨楼、含辉楼、澄心堂、畅和堂、湛清轩、招凉榭、凌虚亭等近30处。悬挂匾额的园林建筑有百余座。嘉庆十四年（1809）绮春园宫门建成，因它比圆明园大宫门和长春园二宫门晚建半个多世纪，亦称

“新宫门”或“绮春园宫门”，嘉庆御制《绮春园记》谓在“正觉寺东建立园门，殿额勤政”，即指此门。

美国人西德尼·戴维·甘博1919年拍摄的绮春园大门

甘博拍摄完此照不久，此门被拆除。

20世纪80年代复建的绮春园宫门

嘉庆在位25年，写圆明三园的诗有1800篇，其中510篇是直接写绮春园景物的，占三园总诗数的29%，绮春园诗比长春园诗多一倍，为圆明园诗数的57%，而其规模只相当于圆明园的三分之一。嘉庆的圆明三园诗，一景写诗10次以上者共53处，其中18处在绮春园。绮春园敷春堂得诗30次，居三园首位。

绮春园几乎是嘉庆皇帝一朝扩建起来的园林，嘉庆皇帝并没有像他父亲乾隆皇帝那样把江南建筑大规模地搬到圆明园或长春园中，而是结合自己的意境和感觉修建了一座更具观赏性的园林，无论是布局还是景致都显得更加合理和精致。

喜雨山房

喜雨山房为绮春园三十景之一，建于嘉庆十年（1805），位于绮春

喜雨山房（复原图）　张宝成　绘

园西路最东北隅，东北邻圆明园秀清村门，东为长河和东西路界墙，西墙之外即升平署。由喜雨山房、知乐轩、烟雨楼等独立景点组成。南北长210米，东西宽170米，占地2.5万平方米，连同烟雨楼建筑面积1300平方米。正殿“喜雨山房”殿为北向五间殿，前后有廊，北接抱厦三间，外檐悬嘉庆御笔“喜雨山房”匾。

喜雨山房之旁竖有一通卧碑，刻嘉庆十八年（1813）御制《喜雨山房记》，为吏部尚书铁保楷书。咸丰十年（1860）此景被英法联军焚毁，今国家博物馆存有此碑的拓片。

铁保，清代书法家，字冶亭，号梅庵，乾隆十七年（1752）生，道光四年（1824）去世。满洲正黄旗人，出身于世代做武将的家庭，父亲诚泰曾任甘肃镇海营参将、陕西郭木协副总兵、直隶泰宁镇总业等职。十九岁中了举人，二十一岁成了进士。当年进入吏部任职，曾出任过镶

红旗蒙古副都统、吏部尚书、山东巡抚、两江总督等要职。铁保对于书法十分深爱，楷书取法颜真卿的厚重，又转师多家，成就自己；他极善吸取晋唐名家中有益的书法营养，草书除了师法怀素等人，更加推崇和师从张旭，正因为他遍临遍学晋唐名家的法帖，才形成了自己独特的书法风格。与成亲王永瑆、刘墉、翁方纲，称为清朝四大书法家。

铁保像

敷春堂宝

敷春堂，为绮春园宫门内的中心景观，南北长190米，东西宽140米，占地2.66万平方米，建筑面积3000平方米。敷春堂一带在乾隆中叶当属绮春园范围，但各景观的兴建经营史仅能追溯至嘉庆初年。

嘉庆六年（1801）四月，嘉庆皇帝在紫禁城为乾隆帝服丧期满，于四月初四重临御园园居，即先后到敷春堂、鉴德书屋、问月楼、翠合轩、凌虚阁和淙玉轩诸景御制诗文。嘉庆七年（1802）、八年（1803）见诗的还有澄光榭、蔚藻堂、镜绿亭、舒卉轩、协性斋和蔼芳圃。这十二处景物，嘉庆十年（1805）均被列入御制《绮春园三十景》诗目。其中正殿敷春堂原为嘉庆皇帝在绮春园的寝宫之一。此堂道光咸丰时期为皇太后寝宫。恭慈皇太后（孝和睿皇后）每年绝大部分时间均在此地园居。咸丰二年（1852）四月初六至十月十四日期间，康慈皇贵太妃（同治帝加谥为孝静成皇后）在此堂园居一年。

2011年5月10日伦敦佳士得（Christie’s）中国瓷器及工艺品专场中，标号为90号、名为清嘉庆“敷春堂宝”御宝交龙纽灰玉玺以40万～60万英镑起拍被拍卖。

这也是目前发现的仅两方绮春园玉玺之一。

敷春堂宝与印文

御“凤麟洲”“水净沙明”翡翠组玺

凤麟洲，位于绮春园东湖之中，由东西二岛组成。湖之南岸为敷春堂，西岸为涵秋馆，西北岸和东岸为点景建筑。凤麟洲二岛占地约3800平方米，建筑面积1150平方米。嘉庆《绮春园记》云：园北平湖百顷，碧浪涵空，远印西山，近连太液，洲屿掩映，花木回环，殿宇五楹，高深明达，楣梠额曰“凤麟洲”。

按“凤麟洲”之典故，出自六朝人《十洲记》。相传，汉武帝知道了西王母说过大海之中有十洲的事情后，便召见东方朔询问十洲绝域之所在及各洲所产之异物，东方朔一一作答。关于“凤麟洲”，《十洲记》中记载：“凤麟洲在西海之中央，地方一千五百里。洲四面有弱水绕之，鸿毛不浮，不可越也。洲上多凤麟，数万各为群。又有山川池泽，及神药百种，亦多仙家。”嘉庆帝将绮春园湖中双岛景群命名为“凤麟洲”，自有其会心之处。

嘉庆帝与凤麟洲有很深渊源。嘉庆九年（1804），皇帝在《题清夏斋》诗中有“书斋新创建，旧额凤麟洲”之句，在诗注中写道：“是斋在西爽村，原额曰凤麟洲，本非宸翰所题，曾经皇考赐成亲王居此。余在潜邸时，常至斯地吟射燕游，叙友於之乐。今成王别赐园居，西爽村已归入绮春园禁籞之内。即其地置书斋，额曰清夏，几闲涉趣，略志其梗概如此。”由此可知，早在乾隆帝赐给皇子成亲王永瑆居住的西爽村中，就有“凤麟洲”的题额，嘉庆帝继位之前经常到此游玩会友。

2009年11月11日，北京瀚海拍卖公司在“十五周年庆典拍卖会——清代宫廷御用”专场中拍卖了两方印玺，分别是“凤麟洲”和“水净沙明”。根据《嘉庆宝薮》所载，这组宝玺共三方，印文分别为“凤麟洲”“水净沙明”和“麟游凤舞”。乾隆时曾制作了相当数量的组玺，一般三方一组，三玺的质地、纽制完全相同，其中一方宫殿玺多为长方形的引首章，另外两方为方形的诗文成语玺，用以说明宫殿玺中殿名的含义及来历，从中可以得知其宫殿命名的初衷。嘉庆帝亦仿照乾隆，刻制了不下七十组这样的组玺，成为嘉庆帝御用宝玺一个十分鲜明的特点。此“凤麟洲”组玺就是其中的一组。从上文可知“水净沙明”所指正是凤麟洲的自然环境，而“麟游凤舞”则是嘉庆帝治国理想的完美体现，两方玺印的内容对嘉庆帝为凤麟洲景群命名的深意做出恰到好处的诠释。

据中国第一历史档案馆所藏《内务府造办处活计清档》记载嘉庆十一年：“正月二十五日，懋勤殿太监刘安庆来说：首领徐文交翡翠玉图章三方，各贴篆字本文，凤麟洲，随紫檀木匣一件，匣盖上贴楷字本文。传旨：着发往苏州交舒明阿照本文刻字，其匣盖上字并线道俱填金，得时送京，钦此。”

从档案可以知道，这套组玺还配有紫檀木匣，匣盖上刻有填金的楷书印文。令人遗憾的是，另一方“麟游凤舞”玺和紫檀木匣现在已经下落不明。此组玺的最终成交价是1769.6万元人民币。

凤麟洲

清嘉庆“凤麟洲”“水净沙明”翡翠组玺

清嘉庆“凤麟洲”“水净沙明”翡翠组玺印面

附1 绮春园记

圆明、长春二园之东南即绮春园，名虽三而实则一，中有门墙之隔耳。斯园先名交辉，为怡贤亲王赐邸，又改赐傅恒及福隆安，呈进后，蒙皇考定名绮春。遂开通门径，西达秀清村，东接蕆园，豁然贯通矣。顾年久荒废，殿宇间有倾圮，湖泊亦多瘀垫，丹陛剥落，基址湫湿。爰自嘉庆六年驻跸御园之后，暇时临莅弗释于怀，每岁修理一二处。屏绝藻绘，惟尚朴淳。花木遂其地产之茂蕃，溪山趁其天成之幽秀。园境较圆明园仅十分之三，而别有结构自然之妙趣。荆关大手笔未能窥其津涯，而云林小景亦颇有可观之道也。盖地灵境胜而显晦萍水相逢，何莫非因缘所感召乎。正觉寺东建立园门殿额勤政，承皇考敬勤庶政之大法，作奕业云仍之继绍，触目惊心，慎终始怀，永图之至理也。东偏为心镜轩，澄濬心源，镜辉朗彻，不以浮尘掩本性之真常，渐臻充实而有光辉之境，固所愿也。北即敷春堂，春者仁也，物之生也。上天敷春而生庶物，人君敷仁而育万民，德至大也。西为清夏斋，殿宇宏敞，池水澄洁，有修竹数竿，苍松百尺，薰风南来，悠然自得。何时能使官民浃洽，中夏澄清，阜财解愠，熙皞康和，庶酬考眷于万一焉。后湖东偏即涵秋馆，万宝告成，百昌蕃茂，生于春，长于夏，成于秋，宰制庶物，涵育众生，实天地之常经，古今之通义也。别有虚榭回廊板桥曲沼，可达生冬室。敬绎圣制生冬诗题奥旨，因以名室。夫贞下起元，一阳来复，万物始生，皆基于冬也。子半枢机葭灰，黎谷循环不息，资始资生，德至矣哉。人君调元赞化和变四时，肃乂符而百谷实，阴阳序而两仪顺，建极中和，体天育物，故堂斋馆室以春夏秋冬命名之。意念兹在兹不敢怠忽，岂玩日愒时只图四时佳致水木清华乎。西偏为四宜书屋，四序咸宜，八方永泰，庶几感召，和甘岁稔，民安可望矣。北有小岛，结构层楼，远仿嘉兴，近规塞苑，额题烟雨，叶时若之休征，窗对峰峦，览周原之之胜概；几暇登临，抒怀抱而寄吟思，信可乐也。园北平湖百顷，碧浪涵空，远印西山，近连太液，洲屿掩映，花木回环，殿宇五楹，高深明达，楣梠额曰“凤麟洲”。予别有会心焉。人君御极，抚绥区夏，养心图治，无欲为本。远屏声色货利之邪，径绝无好大喜功之妄念，鄙求仙之荒诞，斥长生之瞽说，惟一念守成，兢兢业业，不敢暇逸，强勉敬勤，庶几臻至小康之治。宋儒云：无欲则静虚动直。诚嘉言也。在上位者果能无欲，天下亿兆之福也。予修葺斯园，皆因地建造，物给价，工给值，穷黎赖以谋食，所费皆出内帑，毫不取诸外库。诚一举而两得矣。敬读圣制《知过论》，心有所萦必有所疏忽，曷敢不恪守先言荣繁于小转疎忽于大乎？凛然自勉，实自箴也。况已臻伯玉知非之年，唯益求久安长治之理，何暇燕游林泉佳境，稍懈勤政爱民之要道哉。是为记。

附2 御制喜雨山房记

喜为七情之首发，而中节斯能致中和之极焉。人君承天立统，爱育蒸黎。诚能岁美人安，阴阳和风雨时。可喜在是，而必以兢兢业业，为主勤政不息。为先也，雨泽庶物，化洽生成，五谷含滋，百昌蕃庑，万民衣食之源，六气细缊之始。诚授时念，征之要也。我皇考最重祈雨，创举常雩祀典，万代遵行。躬展大雩，甘霖立沛。祈谢诗文，见于圣制集中者，不可数计也。予小子钦承庭训，念切闾阎，殚思雨为和众之端倪，生物之根本。上天资始乾元，后土资生坤德，皆时雨之所敷溉，万汇发育，诚可喜也。命名山房，久未作记。今岁自仲春至仲夏，十旬未沐甘膏，又兼畿南五府、河南四郡、山东兖曹一带，均欠沾被，旱象已深，忧莫大焉。敬举三坛，虔祀社稷。靡神不举，有求罔应。予自知愆咎日深，抱忧日甚。敬遣守土之臣，虔诣岱宗，代予申祝，感荷触石而生。不崇朝而青齐被泽，禾黍播种，运河通顺矣。序临夏至，敬求方泽。次日即沛渥膏，夜以继昼，酣足深浓，京畿三辅，皆同浃洽，大田可植，久旱逢甘，诚可喜也。而畿南豫省，尚未普沾。是喜在近京，忧在远郡。近京之万姓，同喜甘膏；远郡之群黎，仍忧亢旱。而予之忧，实不能解也。奉天治世，皆吾赤子。一夫不获，一人之责。若耽目前之小喜，必贻日后之大忧。在臣民或有可喜之时，人君终鲜忘忧之日也。遇灾而惧灾，可为祥。念及蒸黎，实难膜视。近畿农功，有望实可喜也。自正定至开封，赤地千里，贫民嗷嗷待哺。虽蠲缓截漕，多方拯救，恐未能遍及。转于沟壑者，不知凡几矣。予奉考命，抚有函夏。惟期雨旸时，若海宇乂安，一隅荒歉，心抱忧惭。是先天下之忧而忧，终无已时。而后天下之乐而乐，未知何日也。敬俟天恩普锡，大有农庆三登，泽敷九寓，福被苍生，喜同臣庶。喜雨山房之额，名副其实矣。岂同苏轼《喜雨亭》，一郡之喜，遂欣然自作记乎？

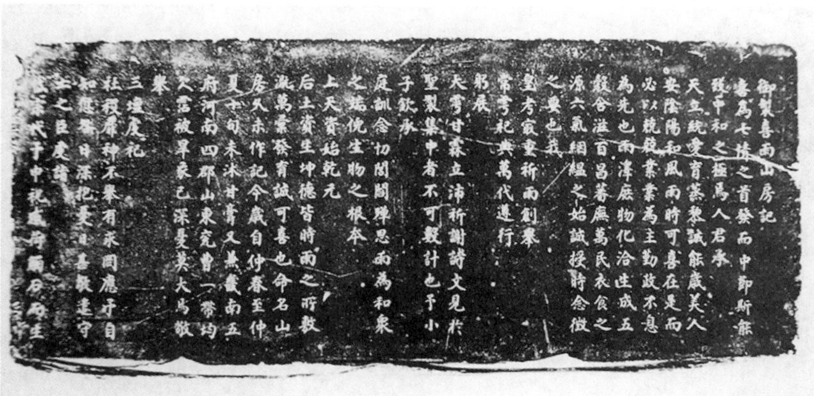

《御制喜雨山房记》拓片

分割春熙院，圆明五园从此不存

圆明园五园专指圆明园管园大臣管辖的五座园林，即圆明园、长春园、绮春园、熙春园和春熙院。春熙院是圆明园鼎盛时期的一座附属御园，它的前身是淑春园。在目前能查到的文献中，淑春园在乾隆二十八年（1763）已经存在。《钦定大清会典事例》："乾隆二十八年，奏准淑春园并北楼门外等处水田一顷二十三亩六分三里，岁征租银三十九两一钱九分五厘有奇。"

乾隆四十七年（1782），淑春园改为春熙院。春熙院建成后，乾隆曾多次游幸，并有《题春熙院》诗。嘉庆七年（1802），春熙院赐予庄敬固伦公主："七年遵旨：春熙院着赏给庄敬固伦公主居住，其该院额设七品苑丞一员，八品苑副一员，笔帖式一员，库守四名，园户、园隶，匠役等二十八名，俱分拨各园当差。"

至此，从乾隆四十七年（1782）到嘉庆七年（1802）赐给庄敬固伦公主，春熙院作为圆明园五园存在的历史只有短短的二十年，是五座园子中寿命最短的一座。

附 庄敬固伦公主生平

庄敬固伦公主在光绪二十五年（1899）的《钦定大清会典事例》中的记载因避讳慈安太后徽号而改为"庄静固伦公主"。

庄静固伦公主（1784—1811），嘉庆第四女，生于乾隆四十九年（1784），母为孝淑睿皇后喜塔腊氏，时为嘉亲王嫡福晋。嘉庆七年（1802）封为庄静固伦公主，她于嘉庆七年（1802）十一月下嫁蒙古族土默特部的玛尼巴达喇。嘉庆十六年（1811）五月初七卒，年二十八岁。

玛尼巴达喇，嘉庆四年（1799）袭封土默特贝子，历任前锋统领，蒙古都统，道光五年（1825）授御前大臣，道光八年（1828）加郡王衔，道光十一年（1831）封贝勒，道光十二年（1832）十一月初九卒。

嘉庆御笔“称松岩”石刻

曾一度存于民盟招待所院内，2018年4月20日回归圆明园。

如园“称松岩”石刻拓片

英国使臣再来圆明园

嘉庆二十一年（1816），英国国王再次派遣以阿美士德勋爵（William Pitt Lord Amherst）为首的使团前来中国。嘉庆二十一年闰六月初六抵达大沽口。颙琰和其父乾隆帝一样，把使团看成是向中国“进贡”的，因此，使团刚到天津，觐见皇帝的礼节又成了争执的焦点。颙琰派理藩院尚书和世泰、礼部尚书穆克登额往通州迎接，希望劝说阿美士德在觐见时行三跪九叩之礼。

嘉庆皇帝在上谕中说：“务将该贡使等礼节调习娴熟，方可令其入觐。”而阿美士德从本国得到的是相互矛盾的不同指示。英国政府曾授以便宜行事之权，对于清方提出的要求，若能借此而完成使命，则不妨照办。但是东印度公司的董事们却劝他在觐见的礼节问题上不作任何让步，以免贬损英国的威望。阿美士德勋爵本人则拒绝在这个问题上让步，在与清方官员会谈中，表示“不能同意行鞑靼礼节”，只同意跪单膝，脱帽鞠躬。清廷负责接待的大臣不敢将英国使节的态度如实禀报颙琰，企图含糊了事，且谎称英使已同意行跪拜礼并进行了练习，“起跪虽小不自如，勉强尚可成礼”。嘉庆皇帝闻知十分高兴。

英使马礼逊等一行于七月初六（8月28日）夜里到达北京。嘉庆皇帝可能是吸取了其父亲上次接待英国使臣的教训，这次打算速战速决，原本准备让英使在圆明园正大光明殿行“进表礼”后，即带到同乐园看戏；第二天又在正大光明殿筵宴款待，宴后仍去看戏；第三天让英使到万寿山清漪园游赏；第四天在圆明园“陛辞”之后进城居住于会同四译馆；第五天在太和门“领敕颁赏”，至礼部赴宴；第六天就离京回国。

七月初七（8月29日），英国使臣来圆明园正大光明殿觐见嘉庆皇帝。至接见时，英使正、副使臣已到圆明园宫门，清廷王公大臣也都已穿戴齐全，集合等候；嘉庆皇帝本人也准备御殿受礼。但门外为三跪九叩引起的争执还没有解决。和世泰等极为狼狈，坚持要立即引领阿美士德入园朝见，甚至连拖带推。阿美士德以身体极度疲惫，礼服亦未准备，没有携带国书为理由，不顾而去。清廷官员向颙琰谎称阿美士德突然得病，不能觐见。颙琰令副使觐见，副使也不肯入园，也称有病不能参加觐见。因此嘉庆皇帝极为生气，敕谕英吉利使臣道："本年尔国王复遣使齐奉表章备进方物，朕念尔国王笃于恭顺，深为愉悦，循考旧典，爰饬百思，俟尔使臣至日瞻觐宴赉，悉仿先朝之礼举行。尔使臣始达天津，朕饬派官吏在彼赐宴，讵尔使臣于谢宴时即不遵礼节，朕以远国小臣未娴仪度，可从矜恕，特命大臣于尔使臣将次抵京之时，告以乾隆五十八年，尔使臣行礼悉跪叩如仪，此次岂容改异。我大臣据以入奏，朕乃降旨，于七月初七日，令尔使臣瞻觐，初八日，于正大光明殿赐宴颁赏，再于同乐园赐食。初九日陛辞，并于是日赐游万寿山，十一日在太和门颁赏，再赴礼部筵宴，十二日遣行。其行礼日期、仪节我大臣俱已告知尔使臣矣。初七日瞻觐之期，尔使臣已至宫门，朕将御殿，尔正使忽称急病，不能动履。朕以正使猝病事，或有之因，只令副使入见，乃副使二人亦同称患病，其为无礼莫此之甚。"最后嘉庆皇帝表示"此次尔等奉国王之命来天朝纳贡，不能成礼即属尔等之咎。朕不加深责，即日遣令归国"。嘉庆皇帝又将负责接待的和世泰等"交部严加议处"。责令将英国使团入京沿途一切费用由官员们摊赔。

嘉庆皇帝后来在嘉庆二十三年（1818）御制《远瀛观》诗中说"驭远从来贵严肃，彼英吉利性难伏。每来先蓄图利心，宽则无忌肆贪黩。强悍不循中国仪，辱其主命宜驱逐。大君岂贵贡珍奇，所宝惟贤慎司牧"，所指正是此事。但嘉庆皇帝为何要借西洋楼远瀛观来再次提及此事呢？其实这和西洋楼远瀛观本身就是西洋建筑有关，而且当年第一批英国使臣马戛尔尼也曾在远瀛观前观赏过西洋喷泉，触景生情，感慨良多。从御制诗中可以看出，嘉庆皇帝已经看出英国人是为利益而来。嘉庆皇帝和他的父亲乾隆皇帝一样，都并没有处理好两国的关系，继续闭关锁国；英国人的两次访华也没有达到预期的效果。

嘉庆帝汉装行乐图

嘉庆皇帝的昌陵

嘉庆园居图

肆　道光与圆明园

道光名旻（mín）宁，原名绵宁，爱新觉罗家族传至他这一代，是为“绵”字辈。乾隆帝在世时曾经说过：“绵字为民生衣被常称，尤难回避，将来继体承绪者，当以绵作旻。”故绵宁继统之事成为定局，即遵照乾隆帝当年的谕旨改名，为了方便起见，我在文中一概作“旻宁”。

与他的祖辈一样，道光帝有一个相当庞大的家庭。他的妻妾共达20人，前后册立为后的有钮祜禄氏孝穆皇后、佟佳氏孝慎皇后、钮祜禄氏孝全皇后和博尔济吉特氏孝静皇后，剩下的有些贵人之类，连姓氏、卒年都无可考。他的妻妾为他生下了9男10女。长子奕纬在二十四岁那年病故，次子奕纲和三子奕继均在婴儿时夭折。四子奕詝即继承皇位的咸丰帝；五子奕誴，过继给道光帝的弟弟绵恺为嗣，袭封惇亲王；六子奕䜣和七子奕譞，一为恭亲王，一为醇亲王，均是晚清历史上赫赫有名的人物；八子奕詥和九子奕譓，后均封郡王，但知名度大大不如他们的几位兄长。10个女儿中，只有五个长大成人，其中只有一人活到三十四岁，余皆在20多岁便相继去世。

道光帝于道光三年（1823）正月十二日首次驻园，道光三十年（1850）正月十四日驾崩。平均每年生活在圆明园时间多达260天，最多一年即道光二十九年（1849），达到了355天都居住在圆明园内。

继续营建和重修圆明三园

改造绮春园

道光三年（1823）正月十二日，道光以皇帝身份正式驻跸圆明园。此时，由于畅春园长久得不到修缮，很多殿宇破旧不堪，已不适宜皇太后居住，道光便下旨修整绮春园，以备皇太后莅临游览。这次工程主要集中在敷春堂一带，将嘉庆时期敷春堂的功能由皇帝游憩寝宫转变为太后及后宫女子寝宫。改造完毕后，除了皇太后居住在此外，还有道光皇帝的妃嫔、女儿和儿媳妇（道光长子奕纬遗孀）。此外，还添建了“庄严法界”这组宗教建筑供太后上香。

改造长春园

长春园方面，道光八年（1828）全面修缮了狮子林景区并对狮子林西部丛芳榭进行了改建和添建。修缮完毕后，道光御制《狮子林十六景》。十六景为层楼、曲榭、花坞、竹亭、萝洞、水门、苔阶、莎径、崖磴、溪桥、云窦、烟岚、叠石、流泉、长松和古柳。道光十五年（1835）七月又对泽兰堂进行了局部改造，拆去泽兰堂前的理性居和东西回廊，游廊改为巡杖栏杆，两外侧改砌包山墙。

狮子林（复原图） 张宝成 绘

改造圆明园

圆明园方面，动作就比较大了。道光七年（1827），大规模改造圆明园四十景之一的“上下天光”，将乾隆时期的临湖二层三开间敞厅改造为两层五开间阁楼，并改名“涵月楼”。楼后东北添建一方形建筑，及一座大值房院；原楼前曲桥、亭榭及楼北平安院值房皆拆除。《宣宗御制诗初集》卷二十收录有道光七年中秋“涵月楼即事”诗，诗云：“澄霁秋中碧落宽，波涵明镜浸光寒。烟开岸角千顷碧，风定湖心玉一盘。偶凭高楼看月朗，还欣九曲庆澜安。”

“上下天光”现状

道光十八年（1838），对圆明园四十景之一的“坐石临流”景区中同乐园看戏工字楼后半部及其东西一带进行了改建。因为道光的皇子并没有乾隆多，所以在道光二十六年（1846），又大规模改建了“洞天深处”皇子的居所，由原来的东四所改建为“新二所”，每所前设垂花门，正房改为前后三层各5间，添建东西厢房5间或3间。新二所共大小房166间、垂花门2座、灰棚14间、库房9间、游廊2间，并在南墙外挪盖值房3间，通共大小房178间。

道光十年（1830）前后，对“九州清晏”西路作了全面改建，圆明园三殿西边的乐安和、怡情书史寝殿原址改建成五间三卷大寝宫慎德堂。“慎德”二字是意出“慎乃俭德，惟怀永固”，此二句出自《商书·太甲》，其义告诫世人唯有奉行节俭的美德，基业才能够永远长存。堂前原玉照亭等改为昭吟镜、得心虚妙、峭碧等三亭斋；又西侧的清晖阁南北诸景，改建为妃嫔寝殿湛静斋、后殿和南穿堂殿。

慎德堂三亭的样式雷烫样

道光十一年（1831）建慎德堂时，在堂对面的山石上改建成三个倒座式亭斋，并以后廊相连。居东者为“昭吟镜”亭，居中为“得心虚妙”敞厅，居西为“峭碧”亭。三座亭宇东西有叠落游廊通至慎德堂。

故宫博物院藏样式雷九州清晏西部烫样（圆明园三殿和慎德堂等建筑均清晰可见）

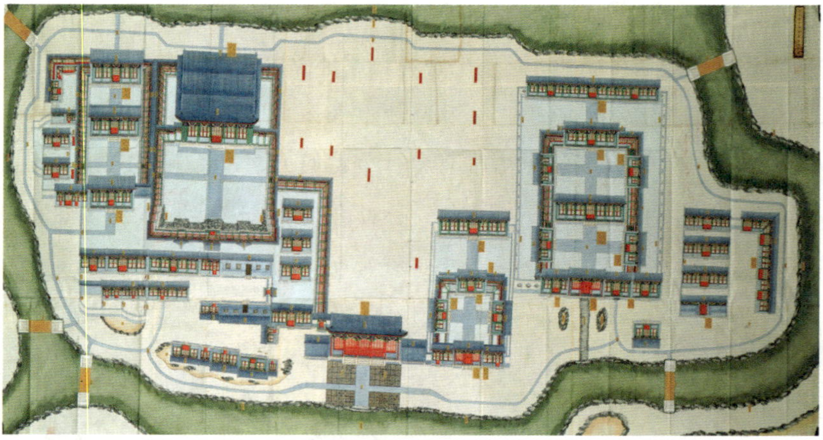

故宫博物院样式雷绘藏圆明园中路各座立样图纸（左上三卷大殿为慎德堂殿）

考古发掘出的慎德堂基址

白玉御制“慎德堂宝”交龙纽宝玺及印面

尺寸：11.5厘米×11.5厘米×10厘米。清道光十一年（1831）白玉御制“慎德堂宝”交龙纽宝玺，印纽圆雕双龙，一龙身雕两龙首，两首向背而吼状，龙须上卷，四龙角向后呈相连式，伏在其印背上，四爪粗大有力，紧抓印台顶面，雕工精细，立体感强。印台采用加诗文的高级制式，四周浅刻填金道光御制《慎德堂记》，落款为“道光十一年岁次辛卯季春月御制”，可知此玺制作正为慎德堂建成是年。钤“道”“光”连珠印，此道光连珠玺现藏北京故宫博物院。印文为阳文玉箸篆“慎德堂宝”四字。因宝玺印用新疆和阗玉，其质地致密坚硬，不易雕琢，因而采用乾隆时期大盛的“平刀直下”的特殊篆刻技法，用短程碎刀连续切成文字，一步一个脚印，犹如书法中的涩笔，表现出遒劲凝练、厚实稳健的气象。纽系黄色丝绶，绶穗头部的纹饰及固定打结的方法也与清代其他几位皇帝宝玺的做法一致。故宫博物院所藏《道光帝行乐图》和《喜溢秋庭图》均钤此“慎德堂宝”印。

清宫日常使用的玉玺主要分为三大类：年号玺、宫殿玺、闲章。新帝即位，其中大行皇帝的宫殿玺不随其他宝玺收归集中保存，依然存放其原先的宫殿之内。依此规定，咸丰登基后，“慎德堂宝”依然被存放在慎德堂内，但遭英法联军劫掠而散失于外。2011年12月6日，北京保利拍卖行将此印玺拍卖，成交价：9085万元人民币。

道光十六年（1836）九月二十六日“圆明园殿”“奉三无私殿”“九州清晏殿”三座大殿遭火灾后又进行了全面改建。九州清晏殿由面阔七间缩为五间，殿西添建三间套殿同道堂，三殿两侧原东西佛堂撤去，改为值房、库房；西路西北隅添建转角楼房四间；东路天地一家春西北隅的两卷三间皇后殿改成东西两院。次年七月十八日，重修圆明园三殿告成，道光亲作《重修圆明园三殿记》，以志其事。

附 慎德堂记

崇俭去奢，慎修思永，孰不知其所当然哉！非知之艰，行之惟艰，在士大夫犹患其位不期骄而骄、禄不期侈而侈，膺天命绍大统者，可不兢兢焉、惴惴焉？懔夫皇天无亲，惟无是辅，念夫祖功宗德创垂不易，后世子孙坐享承平之福，纵不尚奢华、无所加增，自问已觉不安矣！若败度败礼，视富贵为己所应有，是直不可与言者也，又奚能常保厥位耶？况我大清龙兴东土，首重朴实，列圣丕承，凡心法治法，无非以勤俭训后，诚以世变风移，敝化放心。有不期然而然之势，苟非操之固。审之精朴素自甘，慎终如始难与言俭也。至于饮食勿尚珍异，冠裳勿求华美，耳目勿为物欲所诱，居处勿为淫巧所惑，此犹俭德之小者。不作无益害有益，不贵异物贱用物，一丝一粟皆出于民脂民膏，思及此，又岂容逞欲妄为哉？所谓无为而治，俾天下阴受其福而民不知者，是也。然行俭责在一人，不以天下自奉非概从悭悋也，若救饥拯溺、去暴安良，国用之常经、民生之休戚，正措施之不遑，又何可稍存吝惜于其辨也！是以修身务存俭约之心，以期永久图治之道，可不加慎而切记之乎？

改正大光明石桥

《日下旧闻考》载：“大宫门内为出入贤良门五楹……门前河形如月，中架石桥三。”这和现存法国巴黎图书馆的圆明园四十景绘画的基本吻合。出入贤良门前桥面通宽17.54米，通深9.92米。出入贤良门外，是来京外藩王公和藩属国使臣觐见清帝的处所之一，称为“瞻觐”。凡武职官员和侍卫在园内引见，皇帝要在贤良门外考校其射箭技术，谓之校射。乾隆帝在此地校射时，还要亲自示射，以显身手。校射时，射者站在桥北，向西射靶。

但到了道光十九年（1839），道光帝下旨将石高桥改为石平桥，落矮0.48米。射者站在桥北，向南射靶。姚元之《竹叶亭杂记》对此有记载：“（桥）式如弓背。上看箭，鹄设于桥西河边，射者立桥北，北向而射。每发矢，上右顾以视其中否。岁己亥将桥拆平，鹄设于桥南对上设焉；射者立桥北，面向西而射，以免上右顾之烦也。”

但就是这次改造却引发了争议，当时就有大臣提出，此桥乃“大清之脊梁，风水所在”，不能改造，怕改造会影响到圆明园的风水乃至大清的国运。但道光皇帝并没有听进去大臣的意见，执意要改造。结果巧的是，此桥改造后的第二年，鸦片战争爆发，大清割地赔款。二十年后，英法联军进入圆明园，将这座园林付之一炬，仅七十多年后，大清王朝灭亡！

正大光明（出入贤良门前的拱桥已改为平桥）

裁撤圆明三园僧道

清代帝王在圆明三园内的佛事是有规制的。大体分为两类：

一是朔望拜佛，即每月的初一和十五，皇帝都亲自到慈云普护、清净地、佛楼、舍卫城、广育宫及长春园各处寺庙拜佛。此外，每月的初三和二十七日，皇帝也多次亲至瑞应宫斗坛磕头拜斗（跪拜北斗星）。

二是逢年过节礼佛，主要有：

（1）四月初八浴佛日（释迦诞辰），舍卫城过皇会，清净地设道场多日，皇帝亲自或者遣官前往拈香。

（2）四月十八日（碧霞元君诞辰），皇帝亲至广育宫拈香。

（3）立夏日、立秋日，皇帝亲至生秋庭供前拈香。

（4）七月初七，皇帝亲至西峰秀色供前拈香。

（5）八月十五，皇帝在九州清晏供前拈香。

从其他史料看，二月十五花朝日（百花生日），皇帝到花神庙拈香；五月十三日关云长诞辰，皇帝到关帝庙拈香。此外，绮春园惠济祠、河神庙，每年春秋两季，都派大臣致祭淮渎龙王神位。清宫凡祭祀典礼，都要演奏规定的中和乐章，由南府（升平署）承应。

圆明园从雍正六年（1728）起，就设有道士在日天琳宇佛楼等处应差。最初为20名道童，后来减为5名道士。乾隆时期，在佛楼又增设法官2名、幼僧13名。当时慈云普护、舍卫城、永日堂、广育宫、关帝庙、法慧寺、宝相寺等处，都有首领太监充当僧人（喇嘛）上殿念经。乾隆三十八年（1773）建成正觉寺后，从香山宝谛寺拨派达喇嘛1名、副喇嘛2名及小喇嘛38名，在该寺梵修念经，因而此寺俗称喇嘛庙。乾隆还传令正觉寺喇嘛，于每月初一、初八、十三日、十五日、二十三日，在长春园含经堂梵香楼念经5次。

道光十九年（1839），道光帝下旨把在圆明园日天琳宇念经的13名幼僧和10名道童，都尽行撤出，让其各归外庙，并停止从外庙传进僧官在佛楼念经之制；原在慈云普护、舍卫城、永日堂、广育宫、关帝庙、法慧寺、河神庙等处充当僧人的首领太监，也都一并裁撤，令其留发当差，年老不愿留发者，亦听其在原处当差，不再上殿念佛，终身而止。从此园内各寺庙虽仍照常供献上香，但念经办道场则永行停止。

分割熙春园：圆明三园格局定型

熙春园早年是康熙皇三子诚亲王胤祉的赐园，《清实录·圣祖仁皇帝实录》记载，康熙曾十九次幸皇三子胤祉花园进宴；而幸皇四子胤禛赐园（圆明园）的次数仅为十二次。《圣祖仁皇帝实录》卷二三二、第312页上有二条记载："乙未，皇四子多罗贝勒胤禛恭请上幸花园进宴。""戊辰，皇三子多罗贝勒胤祉恭请上幸花园进宴。"证明在康熙四十六年（1707）十二月三日和十二月十二日，相隔仅9天，康熙曾先后来到圆明园和熙春园进宴。同时也交代了熙春园的建造时间与圆明园同年，都是康熙四十六年。胤禛继位后，雍正八年（1730），胤祉被削去和硕亲王，革退宗室，其花园熙春园也被收归内务府。

乾隆三十二年（1767）前后，熙春园被归入御园，成为圆明五园最后一座并入御园的园林。本年七月奏准，在圆明园总管园务大臣属下，设熙春园六品苑丞一、七品八品苑副各一、署苑副二人，专司本园管理事务。并设园户30名，在园内各处应差，负责打扫殿宇和山场地面，夜间值更守护。熙春园按御园规格在乾隆直接指挥下进行了大修和扩建，乾隆三十六年（1771）十二月，经内务府总管大臣核查汇总奏称，熙春园添建"东所"殿宇、房间，并粘修前后中"三所"殿座、楼亭、游廊、墙垣、甬路、散水，以及添砌桥座，拆瓦头停，夹陇捉节，打坝淘水，堆山叠石，清运渣土，栽种树木等项工程，共实销工料银57204两。至此熙春园大规模兴筑虽告一段落，但岁修工程（年例零星粘修），则与圆明诸园一起年年皆有。

乾隆皇帝在乾隆三十三年（1768）至乾隆四十六年（1781）这十三年间多次来熙春园观麦赏景，所题的御制诗共85首。熙春园西南角与长春园如园有过街楼（亦称复道）相连接，乾隆经常从此过街楼进入熙春园。乾隆四十年（1775）四月二十七日雨后题《熙春园观麦》诗云：

复道跨两园，其下通衢穿。
宁关偶语察，却为众行便。
过即为熙春，俗曰东园惯。
于中多隙地，种麦年来遍。
借用验农功，讵止资游玩。
春雪及春雨，时盼亦时见。
昨近始渥沾，四寸真非谩。
麦长虽弗齐，吐穗率已半。
行浆颇似壮，拔节差觉健。
此后祝再霈，饼饵庶可膳。

这里的“俗曰东园”就是指熙春园。嘉庆朝前期，熙春园仍有部分添建工程。这就是在嘉庆七年（1802）前后，园内增建了省耕别墅一景，主要包括省耕别墅、陇香馆和含润斋等园林建筑。嘉庆八年御制《省耕别墅》诗句所云：“名园百余年，熙春仁祖（按指康熙帝）额。境在长春南，别墅吾新辟。”说的就是此事。

熙春园盛期园址略呈矩形。东西面宽为二百四十丈五尺，合769.6米，南北进深为一百九十二丈五尺，合616米，四周围墙总长八百五十五丈三尺，合2737米。占地面积约为770亩，即51公顷。

熙春园，属于清帝御园圆明园的时间，前后不少于55年。道光二年（1822），道光皇帝为了报答孝和皇太后养育之恩，将熙春园分为两块，东半部即原中、东二所赏赐给孝和皇太后的亲生儿子，三弟惇亲王绵恺居住，园名仍沿其旧。绵恺是嘉庆帝第三子，嘉庆二十四年（1819）封为惇郡王，道光皇帝即位后晋封亲王。道光十八年（1838）十二月，绵恺病逝。道光二十六年（1846）以道光帝第五子奕誴为绵恺嗣子，袭郡王，熙春园仍赐给奕誴居住，俗称“小五爷园”。咸丰皇帝即位后，亲赐园额，更名为“清华园”（匾悬二宫门），沿用至今。而熙春园西部则赏赐给孝和皇太后另一位亲生儿子绵忻，取名近春园，俗称“四爷园”。因为此时的绵忻只有十五岁，所以所分的园子比绵恺（二十五岁）要小很多。绵忻于嘉庆二十四年正月封为瑞亲王，道光三年（1823），道光皇帝命其在内廷行走。道光八年（1828）八月十九日巳时绵忻病逝。其子奕志袭郡王，并仍赐居此园，直至道光三十年（1850）五月病逝。

根据清《总管内务府现行则例》圆明园卷记载：道光二年（1822）八月，“熙春园现奉谕旨赏给惇亲王绵恺居住”，所有该园原设六品苑丞一、署苑副三、笔帖式一、库守五名，以及园户头目、园户等40名，均分别拨往绮春园和长春园当差。至此，盛极一时的圆明五园最终成为三园格局。

熙春园最早的主人：康熙皇三子诚亲王胤祉

道光皇帝园居生活

可以说，道光皇帝一生的大部分时间是在圆明五园中度过的。从存世的清代绘画中，我们可以或多或少地看到他的园居生活场景。

道光帝行乐图

此图为宫廷画师所绘，代表了晚清的宫廷绘画风格。描绘的是清道

道光帝行乐图轴（纸本，设色，纵111厘米，横294.5厘米。北京故宫博物院藏）

光皇帝与众皇子、公主欢聚行乐的情景，场景当为圆明园。画中的道光皇帝气度优雅，手持鼻烟壶，坐于“澄心正性”亭中，慈祥地注视着自己的孩子玩耍。而“芳润轩”亭中坐着的皇四子奕詝是后来的咸丰皇帝，皇六子奕䜣则是后来精于洋务的恭亲王，他们当时正在父亲的注视下读书。正在放风筝的皇七子奕譞、皇八子奕詥、皇九子奕譓尚年幼，其中皇七子奕譞正是后来宣统皇帝溥仪的爷爷。而画中的两位公主，一为寿安固伦公主，道光皇帝的第四女；一为寿恩固伦公主，道光帝的第六女。

道光帝《喜溢秋庭》图

画中描绘的是秋日里道光帝携后妃、子女在庭园中赏花嬉戏的情景，正是一幅和睦美好的家庭生活照。园中菊花盛开，枫叶已经变红，透出浓浓秋意。在厅中安坐的是道光皇帝与皇后，在石阶上玩耍的有一皇子与公主；在院中牵手的母子是妃与皇子；另外还有一位妃子、一位公主和一个宫女。画中景物近大远小，有西法透视的痕迹，但人物则是按身份尊卑，身份高的画得较大，身份低的较小，延续了中国画的传统。

这幅钱选的道光帝《喜溢秋庭》图本来是收藏在圆明园内，咸丰十年（1860），英法联军抢夺圆明园时，因为中西方文化的差异，西方人并不认书画作品，所以很少有联军军官或士兵抢夺书画作品的。但此画仍然没有逃脱被盗抢的命运。英法联军退兵后，清政府从咸丰十年十月初五开始，由胜保等人率军队在圆明园、三山附近地区挨家挨户搜寻圆明园文物，其中十月初五这天在昌平一个土匪窝中查到土匪趁英法联军抢夺时混乱而进入园中抢到的道光帝《喜溢秋庭》图轴、《归去来辞图》卷等书画作品六幅。道光帝《喜溢秋庭》图重新被收入大内。

清道光帝《喜溢秋庭》图轴（纸本，设色，纵181厘米，横202.5厘米。北京故宫博物院藏。）

道光皇帝《绮春园射柳》图

道光重视武备，期望通过强大的武力做后盾，以维护祖业。道光二年（1822）正月十二日，他亲自定皇子、皇孙学习骑射之制。规定皇子、皇孙年至十五岁，皆令学习骑射，每月演习二三次。在京城内，则于紫光阁；在圆明园，则于阅武楼。十六岁时，学习鸟枪。每年春秋二季，在山高水长，一月演习一二次。在绮春园含辉楼前，道光增辟了一处骑射场地，道光曾侍奉皇太后在此地阅视侍卫骑射。道光还亲手绘制过《绮春园射柳》图卷，这是一幅描绘绮春园射柳的实景图，全卷高70厘米，长621厘米，设色纸本，绘工精细。道光对这幅画非常重视，经常展示把玩，爱不释手，甚至四年间三次题诗跋署于画上。第一题跋署为“癸未（道光三年，1823）季春，含辉楼马射连中六矢，喜成。御笔。”第二题跋署为“乙酉（道光五年，1825）季春，含辉楼马射。御题。”第三题跋署为“丙戌（道光六年，1826）春三月，含辉楼马射。御题。”御园的骑射活动已成为演习和娱乐，而与之相对应，道光朝在西北的战事也取得了令他欣喜的胜利。

画卷后道光皇帝（1782—1850）题：

（一）好是春园芳草地，玉骢纵辔绮楼前。旗飘金埒三侯树，月满琱弓六矢连。率旧几馀不忘武，乘时兴到喜成篇。对堋自诮心还痒，较胜争标忆昔年。癸未（1823）季春，含辉楼马射，连中六矢，喜成。御笔。钤印：道光、养正书屋、守身寡欲立政惟勤。

（二）绮春胜境御园南，电掣青骢驰骤谙。金埒鸣鞭矢中六，琼楼

《绮春园射柳》图　道光皇帝　绘

载咏月逢三。柳垂碧线晴烟罨，草展文茵晓露寒。缅忆当年承渥泽，时光迁易意何堪。乙酉（1825）季春，含辉楼马射。御题。钤印：道光御笔、顺健无疆。

（三）金埒风飘袂，清池浪叠纹。偶驰聊遣兴，连中亦堪欣。柳外轻尘静，楼端霁色分。习劳兼勖子，国俗敢忘勤。丙戌（1826）春三月，含辉楼马射。御题。钤印：道光御笔、检斋之宝。

《平定回疆战图册·赐宴凯旋将士》

清宫廷画师绘有《平定回疆战图册·赐宴凯旋将士》，道光八年（1828）八月七日道光帝在圆明园正大光明殿赐宴凯旋将士，并喜成七律志纪，诗曰："策勋钦至率前章，凯宴秋中御苑张。看彼渠魁极刑伏，嘉予大帅国威扬。允宜懋赏山河巩，特纪新诗事业彰。边域安全诸将力，用褒忠勇永流芳。"

张格尔是乾隆年间维吾尔族统治者大和布拉呢敦之孙，布拉呢敦被诛后，其子萨木克逃至浩罕，生有三子，次子即张格尔。张格尔野心勃勃，时刻梦想在南疆恢复和卓家族的统治，为此"以诵经祈福传食部落"。道光六年（1826）六月，张格尔纠集安集延（今乌兹别克斯坦安集延）、布鲁特（柯尔克孜）500余人，以祭祀祖墓为名，煽动当地民众反清。七月底至八月中旬，张格尔叛军先后攻占了和阗（今和田）和英吉沙尔（今英吉沙）二城，喀什噶尔也于八月二十日被叛军攻破。道光皇帝得知叛乱后迅速调兵遣将，用了两年时间平叛了叛乱。

道光九年（1829）五月十四日，道光亲自在圆明园廓然大公殿审讯西北叛乱祸首张格尔，定其死罪，并立即执行。

道光八年（1828）八月七日道光皇帝在圆明园正大光明殿赐宴凯旋将士

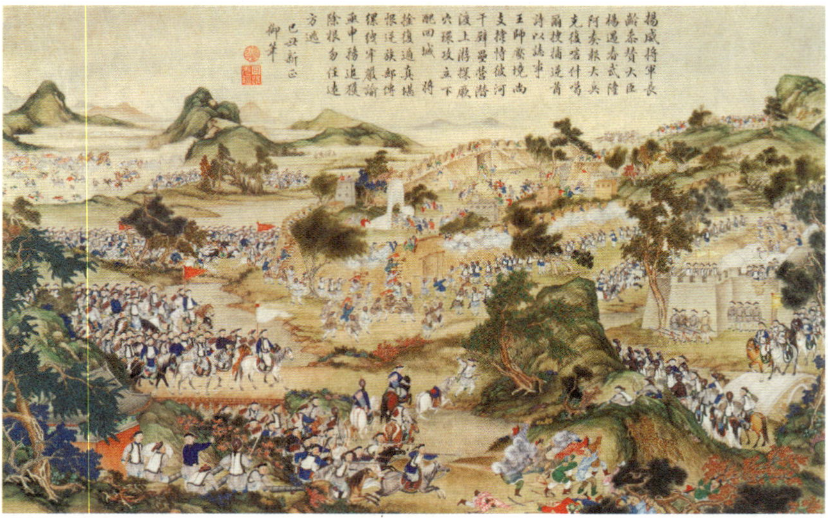

道光七年（1827）二月二十九日清军收复喀什噶尔城

道光皇帝对孝全成皇后的感情

湛静斋位于“九州清晏”慎德堂西部，道光十一年（1837）道光皇帝为身怀有孕的全贵妃将清晖阁及其南北诸殿皆拆除，并改建成南北三殿，时称“湛静斋”。清帝为自己的后妃单独建宫殿，仅此一处！湛静斋建成后三个月，全贵妃生下后来的咸丰皇帝。湛静斋为两卷式建筑，殿内以兰花、梅花、牡丹、竹作为装饰主题，如前殿明间使用了梅花式隔扇，其他房间使用的是兰花、牡丹花式隔扇，寝宫的床罩也以兰花装饰，且在隔扇、墙面及床罩上贴了许多道光皇帝御笔的“各色纸笺字横披、字披、红绢的福禄寿喜和臣工们白绢字画”。道光十一年（1821）六月初九日奕詝（咸丰帝）出生于此斋，道光大喜，当天传旨做“吉安”“出门见喜”两块玉璧子，置于其殿前廊明间的帘架上和前殿迎门处。以道光十一年辛卯。六月。初九日。丑时。诞上于御园之湛静斋。后更为基福堂者是也。（《咸丰实录》）

说到湛静斋，就必须要提到这位颇为传奇的女人——孝全成皇后。道光元年（1821），年方十三岁的钮祜禄氏遵循八旗女子未经皇帝选秀不得成婚的规矩，参加了道光帝即位后的第一次大规模选秀。她立刻就被道光帝看中，留在了宫中，随即被封为贵人。因才、智、貌样样都全，特赐徽号“全”字。全贵人比道光帝小二十六岁。全贵人既年轻又聪明，很快就得到了道光帝的偏爱。入宫仅一年多，她就在道光二年（1822）七月册晋升为“全嫔”，并于当年十一月册封皇后佟佳氏时，行册封礼，正式成为全嫔，年方十四岁。三个月后，道光三年二月十二日（1823年3月24日），全嫔又晋升为“全妃”。道光帝命协办大学士、户部尚书英和为正使，内阁学士奕经为副使，持节赍册（指后妃的名册），行册封礼，钮祜禄氏正式成为全妃，时年十五岁。钮祜禄氏入宫才两年，年仅十五岁就从贵人晋升为嫔再晋升为妃，名位得到如此迅速的提升，也足以证明她几乎已经得到了道光帝的专宠。

道光四年（1824）初夏，全妃怀孕。道光五年二月二十日（1825年4月8日）寅时，全妃生下第一个女儿即皇三女。当年四月十三日（1825年5月30日），全妃再晋升为全贵妃。就在当年初夏，全贵妃再次怀孕。道光六年四月初六（1826年5月12日）酉时，全贵妃生下第二个女儿即皇四女（后封寿安固伦公主）。道光十一年六月初九（1831年7月17日）丑时，全贵妃生下唯一的儿子、皇四子奕詝，即后来的咸丰帝，母以子贵，地位日隆。

道光十三年四月二十九日（1833年6月16日），道光帝的继妻、即位后所立的第一位皇后佟佳氏去世，六宫无主，遂于当年八月十五日中秋节（1833年9月28日）以孝和皇太后懿旨晋升全贵妃为皇贵妃，摄六宫事（代行皇后权力），实为后宫之主。道光十四年十月十八日（1834年11月18日），道光帝命大学士长龄为正使，署（代理）礼部尚书奕颢为副使，持节赍册、宝（指皇后之玉玺），册立皇贵妃钮祜禄氏为皇后。

道光二十年正月十一（1840年2月13日）丑时，皇后钮祜禄氏突然驾崩于皇后寝宫——紫禁城东六宫之钟粹宫，年仅三十二岁（虚岁三十三岁），死因不明。道光帝十分悲痛，特赐谥号为孝全皇后。但面对皇后如

“湛静斋”款柠檬黄地蓝料诗文粉盒

此猝然的离世，道光帝表现出了非常的哀伤。他下令将皇后灵柩安置于澹怀堂，自己每天都亲至灵前奠酒，并于正月十七日亲自为皇后选定“孝全”为谥号。四月，道光帝为“孝全皇后”举行了隆重的“册谥”典礼；十月，道光帝出发亲自将“孝全皇后”的灵柩送至西陵龙泉峪自己的帝陵中。十一月，道光帝亲身参与了孝全皇后入葬地宫的全过程，并命众皇子行礼。十二月，返回北京后的道光帝又参与了“孝全皇后”灵位供入奉先殿的仪式，“亲诣告祭”。并特地让“孝全皇后”的亲生儿子、皇四子奕詝在灵前行礼。对于道光帝如此隆重的悼念，皇太后也表现得非常通情达理，她自己也曾经好几次亲临“孝全皇后”灵前祭奠追思，倍显亲情。道光二十年十月二十七日（1840年11月20日），道光帝以“谒陵”为名，亲自护送孝全皇后梓宫奉移西陵，十一月初九（12月2日）葬入龙泉峪地宫，此前孝穆皇后和孝慎皇后的梓宫已经葬入了该地宫，道光帝去世后梓宫也葬于此，是为三后附葬一帝的清西陵之道光慕陵。

咸丰五年（1855）湛静斋更名为基福堂，咸丰八年（1858）七月十二日，孝贞显皇后千秋节，在此处受妃嫔等位礼。基福堂内悬挂的匾额为“德洽六宫”。

《大清会典》对皇后、皇贵妃及贵妃使用瓷器的品种、色彩有严格规定，其中“皇后：黄瓷盘二百二十、各色瓷盘八十、黄瓷碟四十、各色瓷碟五十、黄瓷碗百、各色瓷碗五十、黄瓷锺三百、各色瓷钟七十、各色瓷杯百：皇贵妃：白里黄瓷盘四、各色瓷盘四十、白里黄瓷碟四、各色瓷碟十五、白里黄瓷碗四、各色瓷碗五十、白里黄瓷钟二、各色瓷钟二十、各色瓷杯百、瓷缸二”。

按此规定，尚未晋封为皇后的全贵妃当时即使是按皇贵妃使用瓷器的规定，也只能使用里白外黄的黄釉器，但道光皇帝却为她烧造了只有皇帝、皇后、皇太后才能使用的里外皆黄的黄釉器，足以说明全贵妃当时在后宫中地位之高。“湛静斋”款瓷器因为只为全贵妃烧制，时间较短，烧制数量也很有限，存世较少。在孝全成皇后去世后，“湛静斋”款瓷器大多被收录大内封存，只有部分摆件仍保存在湛静斋内。咸丰十年（1860）圆明园被英法联军劫掠并焚毁，“湛静斋”款器物也随之流失。

宣宗孝全成皇后朝服像轴　清　佚名（北京故宫博物院藏）

清　宣宗孝全成皇后旋宫春霭图轴（北京故宫博物院藏）

清　宣宗孝全成皇后便装像轴

道光皇帝驾崩

道光名旻宁，为嘉庆第二子，是清入关后的第六个皇帝。在清朝诸帝中，旻宁是唯一以嫡子身份继承皇位的皇帝。他的生母是总管内务府大臣和尔经额之女——喜塔腊氏。孝淑睿皇后是嘉庆皇帝当皇子时的嫡福晋，由乾隆皇帝亲自指婚给颙琰（此时的颙琰已经被乾隆密立为皇位继承人）。嘉庆元年（1796）立为皇后，嘉庆二年二月初七，病逝。嘉庆二年五月，谥孝淑皇后。

孝淑皇后去世后，其子旻宁交由孝和皇后照顾。孝和皇后有两个儿子，即皇三子绵恺与皇四子绵忻。孝和皇后对旻宁很好，可说视如己出，对他倍加爱护和关照，所以旻宁做皇子的时候和他这两个同父异母的弟弟关系也很好，和继母的感情也十分亲近。

旻宁在藩邸时被嘉庆赐居圆明园养正书屋，并著有《养正书屋诗文集》。嘉庆十三年（1808）正月二十八日，因二阿哥旻宁福晋病逝，应续娶福晋。嘉庆令户部将现在京八旗满洲蒙古内外三品以上文武官员之女，未经选过逾岁及现年十五岁者查明，于二月十七日送圆明园选看。由此可见嘉庆对旻宁的格外关怀。清代自雍正实行秘密立储以来，道光是最无悬念，最为顺利的。旻宁为嫡长子，又在天理教攻打紫禁城时表现得智勇双全，获封智亲王。他被立为储君，在嘉庆朝，已成为君臣心照不宣的秘密。

孝和皇太后像

嘉庆二十五年（1820）七月己卯廿五日，嘉庆皇帝突然驾崩于避暑山庄烟波致爽殿，嘉庆帝生前也效法雍正用秘密立储法密立储君。但嘉庆死后并未在其身上发现遗诏，谁来继承大统成为当时头等大事，此时总管内务府大臣禧恩认为“内廷扈从，建议旻宁有定乱勃，当继位”。而军机大臣托津、戴均元等则对此事犹豫不决，就在混乱之时，二十七日，和世泰得以急奏皇后钮祜禄氏定夺，孝和皇后传懿旨令绵宁继位，而不是叫自己亲生的皇三子绵恺或皇四子绵忻继位。不日，派人从故宫乾清宫正大光明匾后取出的嘉庆密诏带到了承德避暑山庄，当众打开后发现，嘉庆皇帝果然是传位给旻宁。一个月后，即八月二十七日，旻宁在太和殿正式登基为道光皇帝。孝和皇后此无私之举为道光所衷诚敬服，因而其后母子关系融洽。

道光登基后，在道光元年（1821）就开始改造绮春园敷春堂作为孝和皇太后寝宫，从道光三年（1823）正月十二日孝和皇太后随道光首次驻跸圆明园至道光二十九年（1849）十二月初七离开绮春园，前后27年间，孝和皇太后每年绝大部分时间均在绮春园敷春堂园居。

道光三年（1823），孝和皇太后首次来绮春园园居，正月十五元宵节这天就在绮春园展诗应律戏台演唱庆节大戏《星云景庆》。同年四月浴佛节、五月端午节，及道光四年十月皇太后圣寿节、道光七年正月灯节等，皆有南府太监在展诗应律承应庆节大戏，每次看戏，道光皇帝都陪在孝和皇太后身边。元宵节看完戏的第二天，也就是正月

十六日，道光皇帝又侍奉孝和皇太后临幸绮春园含辉楼观灯，并赐宴。

道光七年（1827）中秋夜，道光皇帝在新翻建的“上下天光”（涵月楼）侍奉皇太后赏月，设酒宴，升平署承应《霓裳献舞》《金定愈夫》两出戏。

道光八年（1828）二月二十一日清明、道光十一年四月十一日小满等，帝皆奉皇太后临幸观澜堂（《道光实录》）。

八月十八日，帝侍奉皇太后临幸狮子林进膳（《大清历朝实录》）。

道光十一年六月初二、十一日，皇子、王公大臣和外藩使臣随同。最后又陪同孝和皇太后在含辉楼进膳，御制《恭侍皇太后含辉楼观灯喜成》诗句云：“昔日马射沐恩隆，今岁今宵事岂同。疏柳清池仍此地，华灯鼓乐触予衷。”

道光皇帝每次在重修或翻建圆明三园新建筑或景区后，都要请孝和皇太后前往欣赏并一同进膳（《清宣宗实录》）。

道光十一年、十五年、十九年、二十年等帝皆来如园侍奉皇太后进膳（《道光实录》）。

道光十九年二月十三日帝奉皇太后在素心堂（坦坦荡荡）进膳，十月二十四日在半亩园进膳（《道光实录》）。

道光十九年（1839）四月，道光帝侍奉皇太后至恒春堂（武陵春色）进膳（《道光实录》）。

道光二十九年十二月十一日（1850年1月23日），孝和皇太后逝世于故宫宁寿宫，寿年七十四岁。这一年，道光皇帝已经是六十八岁的老人了。孝和皇太后的去世，给道光帝的精神打击颇大。

道光皇帝“剪发成服，哭无停声，水浆不进”。十天后，道光决定将皇太后灵柩停放在圆明园，移灵的这天，一身孝服的道光抱病步送灵柩出城，然后骑马赶往圆明园，在园门外跪迎。皇太后梓宫被安置在圆明园绮春园迎晖殿，道光又令人在慎德堂铺上白毡、灯草褥，在里面守孝。在料理皇太后的丧事之后，他终于病倒了。《清史稿》说他是“居丧哀毁”。道光三十年（1850）正月十四日，病势加重，遂召宗人府宗令载铨，御前大臣怡亲王载垣、郑亲王端华、科尔沁王僧格林沁，军机大臣穆彰阿、赛尚阿、何汝霖、陈孚恩、季芝昌和内务府大臣文庆“公启鐍匣”，宣示御书“皇四子立为皇太子”“封皇六子奕䜣为亲王”。待奕詝入内，“上取缄匣朱旨传示，并谕勉诸臣”，随即死于他的寝宫圆明园九州清晏慎德堂，终年六十九岁。二月初二日，道光灵柩由大内乾清宫移至圆明园正大光明殿安放。九月十八日，道光灵柩在新君咸丰的护送下，从正大光明移往易县清西陵，道光至此永远离开了圆明园。四月上谥号，庙号宣宗，咸丰二年二月葬墓陵。

道光处于历史转折的关键时刻，“守其常而不知其变”。尽管勤政图治，克勤克俭，也曾戡定西陲，但是面对鸦片流毒和外敌窥伺，道光疑虑犹豫、反复无常，最终导致鸦片战争失败，被迫接受城下之盟，与英国签订丧权辱国的《南京条约》。

清西陵道光皇帝墓陵宝顶

慎德堂南边三亭高台山石遗址

伍　咸丰与圆明园

咸丰，清文宗，爱新觉罗·奕詝，清朝第九位皇帝，也是清军入关以来第七位皇帝，年号“咸丰”。道光十一年（1831）六月初九日生于北京圆明园九州清晏的澄静斋，为清宣宗道光帝第四子，母为孝全成皇后钮祜禄氏。在位11年。谥号：协天翊运执中垂谟懋德振武圣孝渊恭端仁宽敏庄俭显皇帝。

咸丰二年（1852）四月二十二日正式驻跸圆明园办理政务，后于咸丰三年、四年停止驻园并于五年恢复。到咸丰十年（1860），英法联军逼近圆明园，咸丰皇帝以“北狩热河”的名义逃往承德避暑山庄，再未回园。咸丰皇帝驻园七年，平均每年逗留216.6天。

咸丰帝即位后，尊称道光为宣宗成皇帝，又因生母孝全皇后早已去世，咸丰帝一直被静皇贵妃（博尔济吉特氏）抚养长大，至此也尊封她为康慈皇贵太妃，安排她居住在寿康宫，后来又尊封为太后，让她居住在绮春园。咸丰五年（1855）七月，康慈皇太后（孝静成皇后）在紫禁城内寿康宫去世，七月二十一日，梓宫奉移到绮春园迎晖殿停放，咸丰皇帝亲自跪迎。因为七阿哥奕譞的生母琳贵妃温良贤淑，也尊封为琳贵太妃。随后，封了弟弟奕誴为惇亲王、奕䜣为恭亲王、奕譞为醇亲王、奕詥为钟郡王、奕譓为孚郡王。

咸丰的园居生活

咸丰和他的父亲一样，很喜欢驻跸园期间居于慎德堂，平日多在同道堂办事进早膳，在勤政殿东书房接见大臣，并多次在含辉楼检阅侍卫骑马射箭。其后妃们居住于东近的天地一家春，皇太妃们则被奉养于敷春堂。

一些国事也照常在圆明园处理，如咸丰二年（1852）五月十二日，他在正大光明殿大考翰林院、詹事府各官。八月十八日、九月初四日，御洞明堂勾到（核准拟处决犯人）。咸丰十年（1860）四月二十四日，在勤政殿召见殿试阅卷大臣，钦定新进士甲第；二十七日，由读卷大臣带领引见；二十八日，咸丰在正大光明殿行传胪典礼，颁金榜。

但咸丰大多时候还是沉醉于圆明园的美景中不能自拔，以致国事也经常耽搁。其实咸丰皇帝在位的时代正处于大清朝王内忧外患期间，内有太平天国拿下长江以南大半个中国，外有英法美俄等国要挟开放更多的口岸通商及公使进京等问题，咸丰皇帝本身就缺少处理内外事务的能力，有时对混乱的时局也是无能为力，只能时常在圆明园内散心。

咸丰五年（1855）兵部左侍郎王茂荫奏请咸丰帝住在皇宫，不要去圆明园，咸丰帝读之龙颜大怒，以“无据之词，率行入奏”为名，将王茂荫交部议处。不久后，掌福建道御史薛鸣皋，见圆明园修理围墙，认为咸丰帝又要去驻园，上奏谏止，称言“逆氛未靖”，不要“临幸御园，萌怠荒之念”。咸丰帝见之怒不可遏，由内阁明发上谕，加以驳斥：圆明园办事，本系列圣成宪，原应遵循勿替……

敬思我皇祖（指嘉庆帝）当莅政之初，适值川陕楚教匪滋事，彼时幸圆明园，秋狝木兰，一如常时。圣心敬畏。朕岂能仰测高深。设使当时有一无知者妄行阻谏，亦必从重惩处……

由此可见咸丰皇帝当时急躁的心情。

杏花春馆土地庙

杏花春馆土地庙，也就是祭祀土地、土母的场所，悬山建筑，前插幡杆。殿内有土地、土母神像两尊，站童两尊。此庙位于杏花春馆景区西南角，面宽3.2米，进深3.36米，前后廊各深1.12米，柱高2.56米，台明高0.32米。杏花春馆土地庙雍正年间已有。雍正十年（1732）在“后土佛像处”供安香色彩漆香盘四件。乾隆八年（1743），此庙花瓶奉旨供纸金花，每于年节换新。

杏花春馆土地庙

话说咸丰皇帝奕詝幼时路过此庙常进去叩拜。道光末年奕詝在南苑习猎时，不慎坠马伤足，他就默祈土地神灵保佑。奕詝继帝位后又患肝疾，引发旧伤作痛，他到土地庙烧香许愿，后来病虽未痊愈，但“已有舒和之象”。咸丰八年（1858）正月，奕詝降谕：封春雨轩司土之神为“圆明园昭佑敷禧司土真君”，封土母为“圆明园昭佑敷禧司土夫人”。修饰庙堂，镌刻楠木神号，在庙北建立碑石，每年春秋二季由内务府大臣服蟒袍补褂祭祀。殿内设供案、罄几各一张，祭日陈果实、饼饵各五盘，茶盏二、香盘一、炉一、灯二。殿前阶上设中和庆神乐，阶下设洗，拜位设于殿外。

1860年圆明园罹劫后，土地祠躲过一劫。此后的同治和光绪朝土地祠每月初一、十五仍供干果素烛。1900年土地祠彻底毁于八国联军战乱。

土地祠

土地祠夹杆石

圆明园四春

清王室满汉不婚，咸丰经常嫌满族妃子没有姿色又缺乏风情，有事没事地就爱和心腹太监私下议论：“世上没有不枯的花草，即使当时如何万紫千红，一遇到风霜，也都憔悴了。除非有美人儿，或者还可以替代。”

某总管说：“今年挑选秀女，万岁爷厚德如天，让她们一个个地都回家去了。如果不是这样的话，让她们都进到园子里来，岂不可以四季花开吗？”

咸丰帝道：“全部都是旗女，也不觉得有多么好。”

总管说：“万岁爷贵为天子，富有天下。只要下一道圣旨，让各省选出美女进宫服侍，即使是西施和杨贵妃，也能立即召来啊。”

咸丰帝说：“祖上不准宫里采选汉族女子，现在怎么可以让我破了这个规矩？”

总管又说：“宫里应该遵循祖先的规矩，这园子里想来应该无所谓吧。”

咸丰帝想了想，便说：“这也必须秘密办理，不宜声张。”

那总管说了声“遵旨”，等咸丰帝游完了，便随驾回宫。

不到半年时间，南方和中部已有几十名汉族女子被献入京城，都分住在圆明园的各个殿宇，可谓个个千姿百态、千娇百媚。咸丰帝自从得了这许多美人，每日都来往于圆明园的这些殿宇，今晚这个陪伴，明晚那个侍寝。其中最受宠爱的有四人，根据住所咸丰帝赐给她们的芳名分别是：“牡丹春”“杏花春”“武陵春”“海棠春”。

“牡丹春”住在咸丰寝宫九州清晏的偏东，其所住的院子叫作“牡丹台”，也就是“镂月开云”；“杏花春”住在九州清晏的西边，所住院子叫作“杏花村馆”；“武陵春”住在九州清晏北面，叫作“武陵春色”；“海棠春”住在九州清晏东北面，她所住的院子名字却与海棠无关，而是叫作“绮吟堂”（属于圆明园四十景之一的廓然大公景区）。

就咸丰帝的意思，是将四春佳丽分住在四个角落，以留住那一年春色，自己则作为护花使者。无奈阳光雨露总是有限，不可能遍及所有花朵，因此这四春佳丽的院子里，多半还是重门寂寂，夜漏迟迟，常常只能听听隔壁笙歌，平添寂寞情绪。渐渐地，各位春美人免不了由悲生怨，由怨生妒。

这四春争宠之时，正是太后弥留之际，咸丰帝一连好些天都不能来到园中。接着又是太后逝世，各种事务忙了两三个月。咸丰帝又很守孝道，在太后去世的百日以内，未曾到园子中来。直到过了夏天，又到了秋天，时日逐渐推移，悲伤也逐渐平复，才想再到园中看看。

当时的四春娘娘，料到不久皇上要来，都在园中眼巴巴地盼望。但只有杏花春慧心独运，捷足先登，几天前已给值守园子的太监送了好处，让他代为留意。太监得了好处，自然格外卖力，咸丰帝还没有进园门时，太监就已经先报告了杏花春。于是杏花春便带着院子里一应人员，在咸丰帝进园的要道口迎接，远远地看见皇帝，就轻折柳腰，盈盈下拜。

这时因为还在太后的丧期之内，妃嫔都遵守戴孝的规矩，杏花春也只能浅妆淡抹，但越发显得云寰黑髻，玉骨清芬。咸丰帝迎面一看，觉得她好似鹤立鸡群，分外夺目，连忙龙行虎步地走了过来，让她起身。“杏花春”珠喉婉转，先一声“臣妾迎驾”，继而又一声“臣妾谢恩”，然后才站起娇躯，让咸丰帝先行。到了寝宫，杏花春再次叩首请安。咸丰帝叫她不必多礼，并让她一旁坐下。这时候的杏花春自然提足了精神，百般献媚，把咸丰帝拢住不放。留到晚上，咸丰帝便宿在杏花村馆。

第二天，咸丰帝又下令召开“群芳宴”，命令宫里的各位妃子贵人，都到杏花村馆来同乐。那三宫六院的妃嫔，接到命令后，即使心中不快，也只好联翩而来。园内的牡丹春、武陵春、海棠春，满肚子都装着醋意，但终究也是不敢不到。只有钮祜禄皇后，咸丰帝不敢随便乱召，所以没有到。还有就是那拉贵人（后来的慈禧），让太监来回话说是身体不舒服。咸丰帝以为她是身怀六甲，不便行动，也就未加责备。谁知她已别有心肠，生了嫉妒的情绪。

这一天的杏花村馆里，群芳毕集。“花为帐幄酒为友，云作屏风玉作堆”，真是说不尽的风光与温柔。咸丰帝至此，已经是高兴得不可言喻。但天下没有不散的筵席，咸丰帝一生，也几乎只有这一场艳事，算是极乐境遇了。

后人曾有诗咏道：

纤步金莲上玉墀，四春颜色斗芳时；
圆明劫后宫人在，头白谁吟湘绮词？

野史中还有一则记载。说咸丰在圆明园中还藏了一个来自民间的寡妇：“有山西籍孀妇曹氏，色颇姝丽，足尤纤小，仅及三寸。其履以菜玉为底，衬以香屑，履头缀明珠。入宫后，咸丰帝最眷之，中外称为曹寡妇。”

由于适逢大清内忧外患，咸丰对此也是一筹莫展，为了放松心情，咸丰本人经常沉浸于美色之中，据后来知情人士回忆，咸丰时，圆明园内还藏有春药。晚清名臣丁宝桢在咸丰朝曾任职翰林院，一日上奏言谈军事，咸丰帝读之大喜，召见于圆明园。丁宝桢早早入园静候，见室隅玻璃盘，内有果子十数枚。丁氏吃了一枚，觉得甘香异常，复食两三枚，突觉腹中发热，窘状万分。此时咸丰帝已升殿，即将召见，丁宝桢灵机一动立即扑地抱腹喊痛，诡称痧症骤发，方得以出园。后内务府一官员告诉他：“此媚药之最烈者，禁中蓄媚药数十种，以此为第一。”丁宝桢急延医诊视，困卧十余日始起。

同道堂和“天地一家春”

“同道堂”本是九州清晏殿西侧套殿的三间，有前后廊，外檐挂道光御书“同道堂”匾。殿为道光十七年（1837）添建而成，各间皆面宽4.16米，进深5.76米，前后廊各深1.28米。“同道堂”匾，原是道光二十八年（1848）御赐给皇四子奕詝的园居书室额，咸丰继位后开始悬于此殿。咸丰帝非常喜欢在此堂园居，咸丰五年（1855）还在堂前添盖了一座戏台。戏台见方7.04米，每面各显三间（明间宽4.48米，次间各宽1.6米），柱高4.16米，台明高0.67米，下出0.64米，匾曰“与古为新”。戏台南接扮戏房，成两券又前接抱厦一券。

同道堂于道光中叶新建时，在此堂与九州清晏殿之间还加盖了一间套殿，因而同道堂实为又西侧的一间套殿。中间的一间套殿咸丰年间铺砌瓷砖地面，套殿与同道堂之间筒子门上东西还各悬一匾，东曰“得月”，西曰“清暑”。咸丰七年（1857），同道堂东次间前金添安玻璃。次年从绮春园澄心堂撤下硬木装修挪至同道堂抵用，计有装修22槽、方窗一扇、床两张、矮床一张。同时还有装修二槽挪至堂东套殿，隔扇二槽移于九州清晏殿。这一年同道堂东间搭安响塘炕（火炕）一铺。咸丰九年（1859）又遵旨在同道堂西山墙外至九州清晏殿后边，及套殿前檐共添盖平台13间，平台进深3.39米。

咸丰帝有一枚闲章镌刻“同道堂”三字，他临死前将其赐给其独子载淳（后来的同治皇帝），后来慈禧太后正是从把持此章开始控制朝纲，并且联合恭亲王和桂良等人铲除了以肃顺为首的“顾命八大臣”。最终实现了“垂帘听政”，控制大清和整个中国长达40多年。

“同道堂”与“御赏”二玺

"天地一家春"与慈禧

"天地一家春"为九州清晏东路后妃寝宫院七间正殿之内额，亦是九州清晏后妃诸院的总称。嘉庆帝就出生于天地一家春。天地一家春南设宫门，门内有影壁，正殿七间、后殿七间，最后为十五间房，明间皆为穿堂。主院东西两侧还有七八座小套院，多为正房、南房各三间。皇后殿原在西北部，为三间两卷，道光中叶皇后寝宫移至西路，该三卷殿改建成东西两座小院。

"天地一家春"之称，始于雍正朝。据《活计档》记载，天地一家春原挂高其佩画一幅，雍正十一年（1733）十二月奉旨收贮。天地一家春殿，亦称"山容水态"，该匾原挂天地一家春后檐前，乾隆四年（1739）正月遵旨移至屋内，向北悬挂。殿内陈设铜药王佛一尊。天地一家春后殿挂《多子图》一幅，乾隆二十七年（1762）由徐扬画。天地一家春最北之十五间房叫"泉石自娱"，此房雍正七年（1729）挂御书"茂育斋"匾，后又易额"水容峰翠"，至乾隆五年（1740）最终定名为"泉石自娱"。天地一家春殿西北小院叫"杏树院"。

据国家图书馆藏咸丰五年（1855）二月奉旨改准的一幅天地一家春寝宫院平面图，可知咸丰帝各妃嫔的寝居之处如下：天地一家春殿穿堂西侧三间是"懿嫔住"，懿嫔女子下屋即宫女的工作屋舍在南边偏西院里。懿嫔就是后来的慈禧太后。后殿东三间、西三间分住瓅贵人和容贵人。泉石自娱东头五间分住明常在、英贵人，西边三、四次间住鑫常在。杏树院三间正房住玫贵人。又西北东院后正房三间住丽嫔，前正房三间住璹贵人。西院前正房三间住婉嫔。各妃嫔宫女下屋皆在就近南房或厢房。天地一家春各妃嫔寝殿设有床和火炕，铺地毡、床毡、隔断毡及帐幔、褥子等，夏季则铺凉席。寝宫区每年春季还要搭秋千架。

慈禧在当懿嫔时就是在这里得到了咸丰皇帝的宠幸并怀上了咸丰皇帝唯一的儿子载淳（后来的同治皇帝），从此开始了其地位的升迁，直到最后成为皇太后。所以这里对慈禧来说是改变人生的地方，也是最值得纪念的地方。所以是后来圆明园重修时首选重修之地。

同治十一年（1872）九月，已经十七岁的同治皇帝举行大婚，并于次年亲政，而一直垂帘听政的慈安、慈禧太后也要归政了。为了让两位太后颐养天年，同治皇帝决定要重新修复圆明园，并希望在慈禧太后四十岁寿辰之前完工来作为贺寿之礼。

内务府总管大臣在十一月十九日开始就这件事向同治呈上回应谕旨的奏本，认为应优先修复“敷春堂”和“清夏斋”，显然要给两位太后有居住之所。然后首要之务，包括要求王公大臣捐献急需的款项，寻求最好的图样，研究堪舆风水和择定良辰吉日以便破土动工。同治在十一月二十日，已迫不及待地把圆明园东南边的“绮春园”改名为“万春园”，并把“敷春堂”重新命名为“天地一家春”，或“承恩堂”，“清夏斋”改名为“清夏堂”。重修时，将“天地一家春”移动至原绮春园永春堂、敷春堂故址。慈禧太后对此工程十分重视，并和同治皇帝在重修“天地一家春”这个特定工程中参与良多，她为建筑外在样式费尽心思，视察内部的装潢，甚至与同治帝亲手绘制草图和蓝图。重修的结果是新的设计，新的布局，甚至是新的位置。此次工程拟修殿宇游廊值房437间，至翌年七月因财力枯竭被迫停工。

光绪十四年（1888），慈禧挪用海军军费重修清漪园并改名为“颐和园”。慈禧本想在颐和园里再建一座“天地一家春”，并让工部找来了当年的图样。可是当时国力实在太空虚，再也拿不出许多银两。可她又忘不了对“天地一家春”的思念之绪，就心生一计，在匠人们铸造铜器的时候，她特意下了一道懿旨，在每个铜器上都刻上了“天地一家春”的大印，并把它们摆在了自己的寝宫乐寿堂及处理朝政的仁寿殿前。

孝钦显皇后（慈禧）朝服像　（清）佚名　作

咸丰在圆明园的三十岁万寿节

咸丰十年（1860）六月初九是咸丰皇帝三旬的万寿节，清代帝王一年有三次最隆重的大典，就是正月初一（元旦）、冬至和皇帝生辰“万寿节”。这三个日子被称为三大节。清帝庆寿以逢十大寿最为隆重，文武大臣都要向皇帝进表章恭贺，歌功颂德；还要呈进贡物，如寿佛、书籍、字画、如意、玉瓷陈设等。

雍正皇帝的生日是十月三十日。他在位13年，共在圆明园度过4次寿辰。乾隆皇帝弘历的生日是八月十三日，他在位60年间只在圆明园度过1次寿辰即乾隆十三年（三十八岁寿辰），其余分别在承德避暑山庄（36次）、故宫（15次）和巡猎途中（8次）度过。此外在嘉庆十七年（1812）和嘉庆二十四年（1819）十月初六（嘉庆皇帝六旬大寿）、道光二十三年（1843）八月初十（道光皇帝六旬大寿）也分别在圆明园举行了盛大的万寿典礼。据《养吉斋丛录》记载，嘉庆皇帝的六旬寿典“自京城至圆明园数十里中，棚坊楼阁，华丽炜煌，与乾隆时相埒”，其盛况可想而知。

咸丰帝三旬大寿之时正值大清内忧外患，南有太平天国和湘军激战苏皖鄂诸省，太平军又攻破江南大营。北有沙俄悍然出兵占领我们东北重要海口海参崴；东有英法联军炮舰逼近塘沽；西有山东“文贤教”和“长枪会”起义。咸丰皇帝也想用这次万寿节庆典来冲冲喜，九州北岸的上下天光还搭起了天棚。

六月初九万寿节这天，咸丰帝在正大光明殿受贺，可惜当时前来祝寿的外国使臣只有朝鲜国来使3人。咸丰抱怨陪他看戏的人太少，为了增加热闹的气氛，许多住在附近、已经退休的低品官员也被一一宣召入园子内看戏。根据升平署档案记载，咸丰三旬庆典有外班进宫为咸丰唱戏祝寿，这些外班子从五月二十七日起就开始陆续抵达圆明园附近排练，二十八日敬事房传旨，六月初五外边伺候戏。初六日三庆班伺候戏。初七日、初八日、初九日、初十日里边伺候戏。十一日四喜班伺候戏。十二日双奎班伺候戏。十三日、十四日外班伺候戏。

同乐园三层大戏楼

上层外檐悬额“清音阁”，是圆明园内最高大的戏台。凡逢皇太后、皇帝万寿节时，要在同乐园唱九九大庆之戏，端午和后妃生辰等节令，也要在此演戏一两天、三五天不等。同乐园除三层戏楼外，南北大小九座楼上下层各64间。看戏楼为同乐园正殿，它是皇帝和皇太后节日期间的游乐膳憩中心。同乐园殿内还收贮乾隆《重刻淳化阁帖》墨拓和《西洋楼铜版图》纸图各一套。

值得一提的是，根据梅兰芳著《舞台生活四十年》记载，梅兰芳的父母曾经告诉过他，他的祖父梅巧玲参加了十一日四喜班为咸丰祝寿的演出。咸丰三旬万寿节的活动持续了一个星期，这次三旬万寿节庆典也成为清帝在圆明园最后一次大型活动！

左三为梅兰芳祖父梅巧玲

咸丰逃离圆明园

咸丰七年（1857），第二次鸦片战争爆发。咸丰十年（1860），英法联军进逼北京，懦弱的咸丰皇帝已无力抵抗。农历八月初八，正值秋分，咸丰皇帝凌晨时分便来到了圆明园的“鸿慈永祜”，向列祖列宗跪拜叩头，然后在勤政殿召见了包括恭亲王奕䜣在内的五位王公大臣，决定由恭亲王奕䜣留在圆明园暂时主政，和英、法、美、俄谈判，主持北京政局。

当咸丰准备离开圆明园而沿福海匆匆行走的时候，他四岁的儿子，大阿哥载淳（后来的同治皇帝）发出了“安乐渡、安乐渡”的欢叫声。因为在平时，咸丰皇帝曾带着年幼的载淳在圆明园福海泛舟徐行，岸上的宫人这时必须递相呼唤“安乐渡！”，直到船只到达彼岸才能停止。年幼无知的载淳一看到福海和船就想起了划船游玩的情景，因此便情不自禁地喊了起来。据说，咸丰皇帝闻听之后，抚摩着载淳的头顶神情忧伤地说“今日无复有是矣”，然后潸然泪下，周围的人也都恓惶不已。

随后，咸丰带领部分皇族成员及亲眷随从护卫，从圆明园大东门出发，逃往热河行宫。

咸丰皇帝抛弃了北京城，同时也抛弃了圆明园。十几天后，圆明三园被英法联军焚毁，一代名园化为灰烬！

圆明园最后的抵抗

10月6日傍晚，在法国军队率先到达圆明园大宫门，此时大宫门紧闭，法军并不知道出入贤良门内的情况，以为会有清军埋伏，所以没有敢贸然进入，而是派遣一支先头部队翻墙进去宫苑内侦查。就在此时，法军竟然意外地遇到了二十多名中国人的英勇抗击。他们既非守卫京师的官兵，也不是拱卫御园的护军，而是一群血气方刚的圆明园“技勇”太监，领头的是“八品首领”任亮。

“技勇”是清宫的特殊太监，只有圆明园才有。他们的职责是负责园内帝后寝宫附近的巡更侍卫。在太监中设置技勇，始自雍正朝，就是选一些精干年轻的太监，教习武术军械，再由技勇中挑选御前小太监。乾隆嘉庆时期，圆明园的五六百名太监中有70名是技勇太监。此后技勇太监之设也一直相沿未变。到了道光时期，大量裁撤了圆明园的护军数量和编制，圆明园的技勇太监的责任更加艰巨，所以皇帝容许他们在园内佩带长枪、腰刀等军器。

这次技勇太监的贤良门保卫战，发生在咸丰皇帝已经离开圆明园多日，守卫京师的军队纷纷溃散，圆明园护军也先敌而逃的情况下。任亮带领的20余名技勇太监，在不知道法军实力的情况下勇敢触及，经过一番激战之后，任亮等人全部壮烈牺牲。

法国侵略军司令孟托邦，在次日写给上司的报告中写道：法军有数人包括两名军官受伤，其先头部队的“军曹长比挪，胸部受剑创极深，左手中矢”（此人不日即先期回法养伤）；另一名军官则中弹。

任亮，字明亭，直隶河间（今属河北）人，出身穷苦，自幼净身入宫为监。他平生正直，当差谨慎，又遭此大节，实堪景慕。“技勇三学”的同僚，在次年四月为他“建立碑文，记其名氏，以期永垂不朽”。这块墓碑后被湮没，1983年夏天，在清华大学教工住宅楼建筑工地上挖出一块石碑，就是当年为了纪念任亮而立的那块墓碑，遂使任亮等技勇太监的英雄壮举，得以重现于世，昭示后人。

任亮石碑

碑文云：

咸丰十年八月二十二日明亭公在出入贤良门内遇敌人接仗殉难身故技勇三学公中之人念其平生正直当差谨慎又遇此大节实堪景慕因建立碑文记其名氏以期永垂不朽云

勇哉明亭遇难不恐念食厚禄必要作忠奋力直前寡弗敌众殉难身故忠勇可风

咸丰辛酉夏四月河间王云翔撰并书技勇三学

任亮碑碑文拓片

此碑现被保存在西洋楼景区圆明园展览馆内。

第二次鸦片战争与圆明园毁灭

第二次鸦片战争是第一次鸦片战争的继续。1840年中英《南京条约》的签订，并没有使英国的欲望得到满足。1856年10月，英国以“亚罗号事件”为借口进攻广州，发动了侵华的第二次鸦片战争。法国也以“马神甫事件”为由，派军与英军组成联军，共同侵略我国。1857年12月，广州沦陷。英法联军沿海北上。1858年5月，攻陷天津。6月，强迫清政府签订了《天津条约》。

在《天津条约》签订后，本来可以结束战争。但侵略者仍欲壑难填，认为“条约中有关商务的条款不能令人满意”，于是蓄意制造新的事端，挑起战争，以获取更多的权利。1859年6月，英法联军发动了对大沽口的进攻，但由于此前清军加固了炮台，休整了海防，导致英法联军惨败。大沽惨败的消息传到伦敦，英国资产阶级叫嚣要对中国进行报复。1860年春，战火再起。7月，联军再次进攻大沽口。这次英法军队绕开了大沽口炮台，从北塘登陆，从大沽口炮台的背面进攻炮台，8月21日，大沽炮台失陷。25日，清政府派桂良为钦差大臣赴天津议和。但英法提出天津通商、索赔军费、进京换约、公使常驻以及派巴夏礼先期进京查看房屋等无理要求。对此，咸丰帝一一驳斥。

巴夏礼

在遭拒绝后，英法联军以桂良无全权大臣便宜行事敕书谕旨为由，执意赴通州，并要求清朝政府另换全权大臣赴通州谈判。联军随即大举北上，京师震动。咸丰帝派怡亲王载垣、兵部尚书穆荫到通州议和。联军派巴夏礼议和。除公使面见皇帝外，清政府同意接受其他种种苛刻要求。不料节外生枝，英方代表巴夏礼提出换约时，“要见大皇帝亲递国书，立而不跪”。载垣认为“此事关系国体，万难允许”。并且，巴夏礼蛮横地要求载垣告知僧格林沁将张家湾大兵全部撤退，态度桀骜，并再次重申亲递国书的要求，声称：“不递国书，是中国不愿和好。”然后掉头不顾，策马而去。载垣于是告知僧格林沁将以巴夏礼为首的英法议和人员擒获，押送京城，谈判彻底破裂。

未达目的，英法联军与清军再起开战，清军再次失利，退守八里桥。9月21日，双方决战于八里桥，清军完败，中方损失兵力近千余人，法军仅3人阵亡，17人受伤；而英军2人死亡，29人负伤。因而，英法联军只有50来人丧失战斗力。至此清军骑兵主力已经损失殆尽。

9月22日，在得知八里桥战败后，咸丰皇帝自己则携带后宫嫔妃逃往热河。咸丰皇帝此次出行极为艰难，队伍庞大，勤务似无；因走得甚急，既没带御厨，也未备御帐。皇帝和所有随行者一样，七天七夜像逃难似的，一路经受着颠簸与困苦。在去承德路上，他平生第一次只能吃一般人那样的饭菜，如晚餐仅有稀米粥，睡一般人那样没有褥子的床铺……

而此时英法联军则并不知道咸丰皇帝已经出逃，他们正在准备进攻北京城活捉清朝皇帝。10月3日，英法联军的增援部队抵达，英法军队决定10月6日早晨向北京挺进。联军分四路纵队前进。最右边是英军步兵，紧挨着的一列是巴特尔准将指挥的骑兵；左边是法国将军兼总指挥冉曼率领的法军步兵，最左侧是柯利诺的纵队。上午九点来钟，俘虏了一小队清兵，通过审问得知，清军的骑兵残余部队就在夏宫圆明园附近。于是，格兰特和孟托邦决定消灭这支清军。这样，法军和英军就向圆明园挺进，两军决定在那里会合。不过虽然英法联军兵分两路向圆明园进发，英军却迷了路，而法军则在晚上七点钟左右顺利地抵达了圆明园。第二天上午，英军也到达了圆明园。

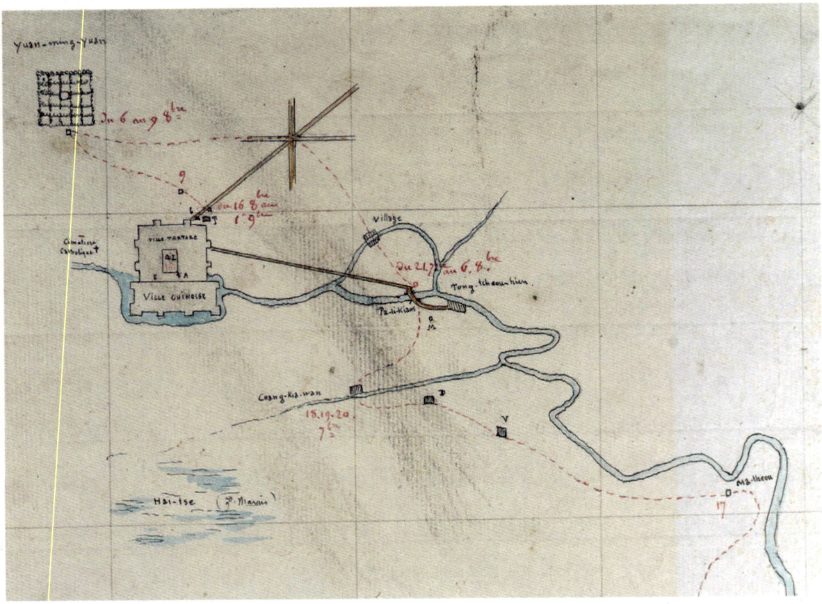

英法联军绘制的从天津到北京再到圆明园的路线和过程

法军的军官们率先对圆明园进行了参观，参观过圆明园的人无论是将军还是士兵都感觉到无比震惊。法军统帅孟托邦将军在10月8日给朗东元帅的信中曾说，“在我们欧洲，没有任何东西能与这样的豪华相比拟，我无法用几句话向您描绘这如此壮观的景象，尤其是那么多的珍稀瑰宝使我眼花缭乱”。他在给陆军部大臣的信中也写道：“无以计数的壮丽豪华建筑一座连着一座，绵延十六公里之远，这就是人们常说的皇帝夏宫。园内有很多寺塔，里面供奉着各种各样金的、银的和铜的巨大神像。比如，仅一尊青铜大佛高达七十来法尺，而其余的一切也都如此。花园湖泊，星罗棋布；一座座白色大理石建筑物以琉璃瓦盖顶，五颜六色，熠熠生辉，里面数世纪来堆藏着各种奇珍异宝。除了这些，还有绝妙的田园风光。阁下对我们所看到的这一切，也许仅有个概念而已。”

杜潘上校也在后来回忆说：“巡视者穿过一个庭院，只见前面有一平行四边形的建筑物，他们沿着宽大的汉白玉阶梯拾级而上，进入一宽阔的大殿。大殿深处放着一个巨大无比的乌木宝座，雕以镂空花图案，做工精细绝伦。登上宝座还要经过几个台阶，台阶两旁摆着一排景泰蓝香炉以及上了釉的巨大瓷坛，上边绘有各类飞禽走兽。左边整整一面墙挂着一幅大丝绸画，上面画的是皇家宫殿景观。在殿内四周的搁架上，摆放着数不尽的雕瓶、景泰蓝、彩釉瓶，所有的东西都大得出奇，美轮美奂；还有一卷卷的轴画，那是以中国人特有的细心、耐性和精密性绘制的，那是他们的秘诀。此外，还有一些书籍，留有许多皇帝的御笔亲题笔迹，用中国红雕漆装饰装订成册，盛在精工制作的书匣中。”

海军上尉巴吕写道：“当看到这座宫殿的时候，不论受过何种教育，也不论哪个年龄，还是什么样的思想观念，大家所产生的印象都是一样的：压根儿想不出有什么东西可与之相比；绝对地震撼人心，为确切表达而说出的话是，法国所有的王室城堡都顶不上个圆明园。”

为了更好地抢夺圆明园的珍玩，英法联军成立一个混合委员会，由双方各出一位上校和两位军官来组成。法方三人是杜潘上校，福斯特和科尔斯上尉协助。英方由弗利上校负责。战利品委员会的任务是“挑选出最好的物品送给法国皇帝陛下和英国女王陛下”。至此对圆明园大规模的抢夺开始了！

在法国，有不少纪实作者通过很多文章和著作，对圆明园大洗劫做了大量的记述和深入的评论。他们当中有：海军上尉巴吕、埃里松伯爵、杜潘上校、贝齐亚上尉、乔治·凯鲁莱、查理·米特雷西和阿尔芒·吕西等。

英国的军官、士兵和随军牧师在自传、回忆录中也对抢夺圆明园有很详细的描述。

保罗·德拉格朗热中尉就写出了他在圆明园大掠夺之后的伤感情绪：“我们撤出那些被蹂躏、践踏、掠夺的宫殿，心里充满凄凉感，因为那场面真是令人哀伤，好好的珍品，好好的瑰宝，那么快、那么突然就成了一堆垃圾。”

10月8日，清廷已将巴夏礼等被僧格林沁俘虏的英法战俘送还，不过俘虏时候的英法战俘有30多人，但送还时的战俘只有20人生还。英国公使额尔金大怒，便以战俘被清军杀害为由提出“圆明园者，英法侨民，所痛心疾首惨刑而死之地也，誓必毁为平地”。英军统帅格兰特也提出“若对于中国政府所为不顾国际公法之残酷行为，不予以久远之印象，英国国民必为之不满。总之，焚毁清帝所最宠爱的行宫，对清帝加以严厉的责罚，并且留些报复的痕迹才成”。

额尔金与部下

额尔金和格兰特提出焚毁圆明园的计划遭到了法国公使葛罗、法军统帅孟托邦的反对。法国愿意抢劫，不愿纵火焚毁。葛罗致信额尔金说：“至于焚毁圆明园，此说予殊厌闻。”葛罗也认为“圆明园为清帝行幸的离宫，并未设防，也不是敌占区，焚毁它属于无益的报复”。同时他还担心圆明园的这场大火会把恭亲王吓跑，无人参与和谈，因为恭亲王是“我们当前留下的最后一点希望了”。但英国方面还是一意孤行，决计通过焚毁在清帝心目中占有重要地位的圆明园来加速和约互换的进程。

10月18日，英军纵火焚园，“黑烟至和议交换时，犹未熄也”。约翰·米启尔将军率领英军第一师第60来复枪团和第15旁遮普团，连同骑兵旅共约3500人，向圆明园进发。米启尔把指挥所设在正大光明殿，并一一指定了应予捣毁的建筑物，包括圆明园（含长春园和绮春园）中所有的皇家宫殿、花园，以及清漪园万寿山上的宫殿和花园，甚至更远处玉泉山静明园、香山静宜园均遭焚毁。成群结队的士兵们，分成小组，手持火把奔向圆明园各处纵火，圆明园内的建筑大多以雪松建成，极易点燃。有参与焚毁圆明园的英军士兵在后来的回忆录中写道：“我们走出圆明园的大宫门，兴奋中带着一丝感伤，回首望去，只见火苗跳跃着、飞舞着，像一道道飘动的垂花饰和花彩环，点燃并吞噬了一个个门扇。与此同时，一根巨大的黑色烟柱从大宫门倒塌下来的屋顶那里升上天空，给这幅火焰构成的生动画卷加上了一道边框，火舌呼啸着，劈啪作响，仿佛为周遭的毁灭而欢呼。”

英军随军牧师罗伯特·麦吉面对士兵们焚毁圆明园竟然这样写道：“一个也不留，一栋房屋也不剩，让这里再无宫殿的痕迹吧。现在，咱们回北京去，大功已告成。”可见其毫无任何愧疚之情。历经雍正、乾隆、嘉庆、道光和咸丰五朝帝王苦心经营的“集天下美景为一园”的万园之园就这样被彻底焚毁。就连法国前总统德斯坦也承认：焚掠圆明园，对中国至为残酷，而英法两国殖民军则极为可耻。

被英法联军烧毁后的谐奇趣，德国人奥尔墨1873年拍摄

圆明园的大火终于彻底摧垮了清政府的自尊和自信，同时也使之相信英法联军并没有颠覆清政府的意图。于是，清政府答应了他们的一切要求。10月24日、25日清政府分别与英、法两国交换了《天津条约》的批准书，并签署了中英、中法《北京条约》。

额尔金乘坐轿子前往谈判

参考文献

程演生. 圆明园考. 北京：中华书局，1928.
国立北平图书馆馆刊. [出版地不详]：国立北平图书馆，1933，7(3/4).
金勋. 成府村志. 北京：海淀区档案馆，1940.
王威. 圆明园. 北京：北京出版社，1957.
王威. 北京史地丛书：圆明园. 北京：北京出版社，1980.
圆明园管理处. 圆明园园史简介. 北京：圆明园管理处，1980.
（清）昭梿，何英芳. 啸亭杂录. 北京：中华书局，1982.
舒牧，申伟，贺乃贤. 圆明园资料集. 北京：书目文献出版社，1984.
（清）于敏中，等. 日下旧闻考. 北京：北京古籍出版社，1985.
彭哲愚，张宝章，邓柯. 颐和园圆明园的传说. 石家庄：河北少年儿童出版社，1985.
孟北祯. 避暑山庄园林艺术. 北京：紫禁城出版社，1985.
承德文史资料研究委员会. 文津阁. 承德：承德文史资料研究委员会，1985.
孙建华. 一代名园的兴衰：纪念圆明园罹难125周年. 成都：四川民族出版社，1987.
（清）石渠宝笈. 上海：上海书店出版社，1988.
（清）石渠宝笈续编. 上海：上海书店出版社，1988.
（清）秘殿珠林 · 石渠宝笈合编. 上海：上海书店出版社，1988.
曾昭奋，何重义. 一代名园圆明园. 北京：北京出版社，1990.
刘占武. 圆明园沧桑记. 北京：北京少年儿童出版社，1991.
中国第一历史档案馆. 圆明园. 上海：上海古籍出版社，1991.
（清）爱新觉罗 · 弘历. 清高宗御制诗文集. 北京：中国人民大学出版社，1993.
张恩荫. 圆明园变迁史探微. 北京：北京体育学院出版社，1993.
[法]阿兰–佩雷菲特，王国卿，等. 停滞的帝国：两个世界的撞击. 北京：生活 · 读书 · 新知三联书店，1993.
王佩环. 清宫后妃. 沈阳：辽宁大学出版社，1994.
佟悦，吕霁虹. 清宫皇子. 沈阳：辽宁大学出版社，1994.
穆景元，等. 圆明园风云录. 沈阳：辽宁大学出版社，1996.
刘毅. 明清皇室. 北京：紫禁城出版社，1997.
柳海松，等. 爱新觉罗家族全书(1). 长春：吉林人民出版社，1997.
常润华. 京华博览丛书：圆明园兴衰始末. 北京：北京燕山出版社，1998.
圆明园管理处. 圆明园的故事. 北京：圆明园管理处，1998.
宗天亮. 浩劫之后的万园之园：圆明园遗址公园. 北京：中国大百科全书出版社，1998.
乾隆皇帝的文化大业. 台北：故宫博物院，1999.
王道成. 圆明园：历史、现状、论争. 北京：北京出版社，1999.

魏开肇. 五园三山. 北京：北京出版社，1999.
（清）颙琰．清仁宗御制诗（1-7）．海口：海南出版社，2000.
（清）颙琰．清仁宗御制文（1-2）．海口：海南出版社，2000.
[法] 邱治平. 圆明园. [出版者不详]，2000.
吴伯娅. 圆明园史话. 北京：中国大百科全书出版社，2000.
张恩荫、杨来运. 西方人眼中的圆明园. 北京：对外经济贸易大学出版社，2000.
王威. 北京览胜丛书：圆明园. 北京：北京美术摄影出版社，2000.
（清）清高宗南巡名胜图．北京：学苑出版社，2001.
贾珺. 清代离宫超仪大殿形制及其功能述略//故宫博物馆院刊. 2001.
朱诚如. 清史图典（1-12）. 北京：紫禁城出版社，2002.
刘继文. 圆明园遗址风光. 北京：北京体育大学出版社，2002.
张恩荫. 三山五园史略. 北京：同心出版社，2003.
李洵，赵德贵，周毓方，薛红. 钦定八旗通志. 长春：吉林文史出版社，2003.
张复合. 建筑史（2003年第2辑）：建筑史论文集（第19辑）. 北京：机械工业出版社，2003.
贾珺. 略论圆明园中的仿西湖十景//建筑史. 2003.
王开玺. 英军焚毁圆明园原因辨析//北京师范大学学报. 2003.
贾珺. 圆明园买卖街钩沉//故宫博物院院刊. 2004.
甄玉金. 圆明园传说. 北京：中国商业出版社，2004.
文刀. 圆明园中的香妃寺//中国宗教. 2004.
郑艳. 圆明园被焚掠的两个问题辩疑//学术探索. 2004.
刘畅. 慎修思永：从圆明园内檐装修研究到北京公馆室内设计. 北京：清华大学出版社，2005.
茅海建. 苦命天子：咸丰皇帝奕詝. 北京：生活 · 读书 · 新知三联书店，2006.
朱家溍，丁汝芹. 近代内廷演剧始末考. 北京：中国书店，2007.
冯作哲. 清宫的“上书房”与皇子读书、习武//北京档案. 2008.
王志伟. 圆明园盛时仿建工程初论//圆明园学会学刊. 2008.
徐启宪，李文善，郭福祥. 明清帝后宝玺. 北京：紫禁城出版社，2008.
郭黛姮. 远逝的辉煌：圆明园建筑园林研究与保护. 上海：上海科学技术出版社，2009.
郑培凯. 茶与中国文化. 桂林：广西师范大学出版社，2009.
秦风老照片馆. 残园惊梦：奥尔末与圆明园历史影像. 桂林：广西师范大学出版社，2010.
圆明园管理处. 圆明园百景图志. 北京：中国大百科全书出版社，2010.
刘阳. 昔日的夏宫圆明园. 北京：学苑出版社，2011.
刘阳. 北京城内的圆明园流散文物. 台北：中华文物学会，2011.
贺艳. 再现圆明园：正大光明//紫禁城. 2011.
张超. 家国天下：圆明园的景观、政治与文化. 上海：中西书局，2012.
徐广源. 大清后妃私家相册. 北京：中华书局，2012.
贾珺. 圆明三园中的祀庙祠宇建筑探析//故宫博物院院刊. 2012.
刘阳. 谁在收藏圆明园. 台北：中华文物学会，2012.
刘阳. 谁收藏了圆明园. 北京：金城出版社，2013.